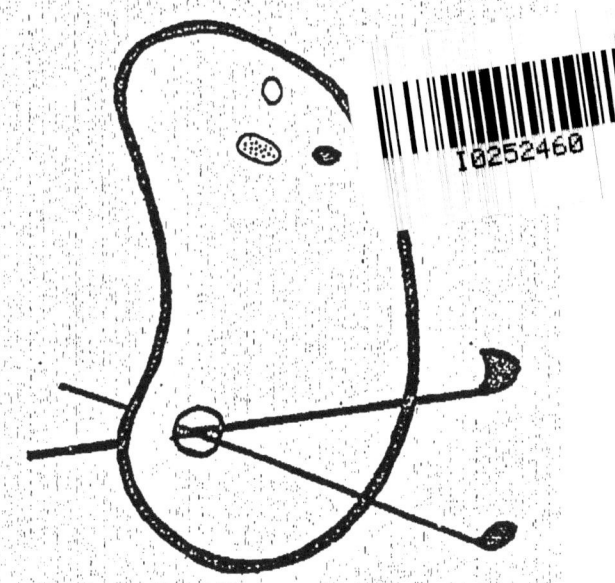

ORIGINAL EN COULEUR
Nº Z 43-120-8

Couverture Inférieure manquante

TROISIÈME ÉDITION

Dr J.-M. de ROCHE

Le Succès dans la Vie

ou

L'INFLUÉNCE SUR SES SEMBLABLES

PAR

LE MAGNÉTISME, L'HYPNOTISME ET LES RAYONS N

TROISIÈME ÉDITION

COMPRENANT EN SUPPLÉMENT

LE COURS COMPLÉMENTAIRE SCIENTIFIQUE DE MAGNÉTISME ET HYPNOTISME

RÉDIGÉ PAR

A. TRANQUILLI ET M. AUCAIGNE

Édité par L'UNION PSYCHIQUE

PARIS

1909

Tous droits réservés

LE SUCCÈS DANS LA VIE

TROISIÈME ÉDITION

1909

TROISIÈME ÉDITION

Dr J. M. de ROCHE

Le Succès dans la Vie

OU

L'INFLUENCE SUR SES SEMBLABLES

PAR

LE MAGNÉTISME, L'HYPNOTISME ET LES RAYONS N

TROISIÈME ÉDITION

COMPRENANT EN SUPPLÉMENT

LE COURS COMPLÉMENTAIRE SCIENTIFIQUE DE MAGNÉTISME ET HYPNOTISME

RÉDIGÉ PAR

A. TRANQUILLI ET M. AUCAIGNE

Édité par *L'UNION PSYCHIQUE*

PARIS

1909

Tous droits réservés

AVANT-PROPOS

Si ce livre tombe entre les mains de malheureux éprouvés par le sort ; de misérables croupissant dans des situations infimes, alors qu'ils pourraient occuper les postes les plus en vue, en raison de leur intelligence et de leur savoir ; de négociants dont les affaires périclitent malgré tous les soins qu'ils apportent à leur commerce ; d'étudiants dont l'esprit apathique ne peut se résoudre à une étude sérieuse des matières qui sont la base et le développement de leur situation future ; de personnes à la recherche d'une compagne pour leur vie, et *vice versa* ; — ils y trouveront la solution de leurs desiderata, et le moyen de voir l'accomplissement de leurs vœux assuré.

Si ce livre tombe entre les mains d'une femme affligée de voir son mari souffrant, d'une mère dont la fille est dans un état de langueur, dont les enfants tournent mal et contractent des habitudes vicieuses, d'un ami qui désire soulager son ami, d'un riche habitant de la campagne ou de la ville à qui les pauvres viennent demander des secours et des conseils pour leur santé, nous les engageons à le lire. Nous ne leur promettons pas des succès immédiats ; mais nous les assurons qu'ils adouciront sensiblement les maux qu'ils ne pourraient guérir parce qu'ils sont inguérissables ; nous leur promettons que leur conviction deviendra plus forte de jour en jour, et que les soins qu'ils auront donnés en silence seront récompensés par une nouvelle force dans les liens de l'amitié et de l'amour, par le bonheur d'avoir rendu la santé à une mère, à une épouse, à un ami, à un infortuné. Si de nombreux, d'innombrables témoignages ne suffisaient pas pour démontrer l'efficacité du magnétisme, du somnambulisme et des suggestions post-hypnotiques, rien ne coûte de sacrifier quelques heures par jour à qui le peut, pour essayer de faire du bien à ses semblables, si l'on sait vouloir.

La pratique du magnétisme exige :

Une volonté active vers le bien ;
Une ferme persuasion en la puissance du magnétisme ;
Une confiance entière en l'employant ;
La ferme persuasion de sa propre puissance personnelle.

1° La volonté active du bien dépend de nous-même.

2° La ferme persuasion en la puissance du magnétisme, vous ne l'avez pas encore mais vous pouvez mettre votre âme dans l'état où elle serait si vous croyiez. Il vous suffit pour cela d'écarter les doutes, de désirer le succès, et d'agir avec simplicité et sans distraction ; c'est là *un point essentiel.* Vous obtiendrez certainement quelques effets, qui réaliseront en vous la persuasion en la puissance magnétique ; et

3° La confiance entière de plus grands succès en l'employant.

4° C'est alors que vous vous convaincrez de votre *puissance personnelle* ; toutes les expériences faites successivement constitueront des éléments d'autant plus solides pour bien assurer en vous l'intime persuasion de ce pouvoir.

Oubliez momentanément toutes vos connaissances de physique et de métaphysique ; elles sont inutiles ici ; éloignez de votre esprit les objections qui pourraient se présenter ; ne songez qu'à faire du bien au malade que vous touchez, et cela sans application aucune de médicaments, d'emplâtres, de boissons ordonnées et décrites par la Faculté. La foi, dont on a tant parlé, n'est pas nécessaire en elle-même ; elle n'est pas le principe de l'action du magnétisme : il y a des magnétiseurs dans toutes les religions, même chez les peuples qui n'en ont aucune, car toute personne possède la faculté magnétique. Mais il est nécessaire que le magnétiseur ait *foi en lui-même*, en l'efficacité de ses opérations. Ce n'est pas avec le doute dans l'âme qu'il pourra réussir : cela exclurait déjà la *volonté qu'il doit avoir de réussir*.

Quant à cette dernière, à la volonté, gardez-vous de faire des efforts ; si vous désirez faire du bien, obtenir un heureux résultat, la volonté aura assez d'énergie par elle-même. Soyez calme et patient. Ne détournez pas votre attention ; pensez à ce que vous faites sans vous inquiéter de ce qui en résultera : imaginez qu'il est en votre pouvoir de prendre le mal avec la main et de le jeter de côté ; ou bien si vous opérez dans un but particulier, autre que celui de soulager ou de guérir, imaginez-vous bien que le but auquel vous tendez ne saurait tarder à être atteint, quelque retard que vous apportiez à y parvenir. Certains sujets sont bien moins sensibles, moins magnétisables que d'autres, et il ne faudrait pas être surpris des difficultés que l'on éprouve quelquefois à les influencer : la répétition fréquente des pratiques magnétiques vous donnera l'habitude et le tour de main nécessaires et vous marcherez dès lors de succès en succès.

Mais surtout, — CONDITION ESSENTIELLE POUR RÉUSSIR, — *apportez la plus scrupuleuse attention à suivre de point en point les instructions qui vous sont données dans ce livre ; de là seulement dépendra le succès désiré.* Nous ne pouvons le garantir aux étourdis, aux personnes distraites, sans idée fixe, sans volonté, sans esprit de suite. C'est aux personnes absolument sérieuses, sûres d'elles-mêmes que nous nous adressons. Qu'elles se conforment rigoureusement aux règles données, l'infaillible succès les attend.

Il faut de la persévérance et de la confiance en soi ; il faut vouloir.

Quelques autres conseils généraux sur la conduite que vous devrez tenir dans la vie courante.

Cherchez toujours à vous dominer, à avoir sur vous l'empire le plus absolu. Pas d'orgueil ; pas de ces défauts qui règnent en tyrans dans le cœur de l'homme. Si vous

vous en connaissez, commencez d'abord par vous soustraire à leur néfaste influence et à les dominer : qui ne sait obéir ne sait pas commander ; qui ne sait se dompter ne pourra jamais dompter les autres ; ce sont là des vérités de tous les temps et de tous les pays.

Soyez discret, mystérieux ; ne faites pas parade d'un pouvoir que vous développez studieusement en vous, mais qui, en définitive, est le partage de l'humanité tout entière ; ne vous croyez pas plus fort, *plus malin* qu'un autre ; réprimez tous ces vains désirs de gloriole ; montrez-vous simple, terre-à-terre, poli, ordinaire dans vos allures et votre attitude ; ne faites pas comme ces comédiens, ces pîtres de grands théâtres, qui s'imaginent porter un monde dans leur tête : la confiance viendra à vous d'elle-même ; vous inspirerez une sympathie que des allures majestueuses et doctorales éloigneraient infailliblement de vous.

Ecoutez attentivement, respectueusement, selon les cas, les personnes avec qui vous conversez ; ne les interrompez pas par de continuelles objections n'ayant d'autre but que de leur démontrer que le sujet de la conversation vous est plus familier qu'on ne le suppose. Au contraire : feignez d'apprendre d'elles ce dont il s'agit ; votre interlocuteur en sera d'autant plus satisfait que vous lui donnez un brevet de savoir et d'intelligence qu'il ne se croyait pas ; vous lui en deviendrez plus sympathique, et votre influence sur lui s'augmentera d'autant.

Voilà comment l'on parviendra plus ou moins facilement, après avoir appris à se dominer soi-même, à posséder une influence positive et sérieuse sur bien des gens insociables, fléaux de toute réunion, qui veulent partout imposer leur moi et leur autorité. Ces êtres se croient une supériorité considérable sur leurs semblables ; ils sont plus instruits, mieux doués de la nature, plus spirituels, plus fins, plus influents, plus sages ; c'est d'un ton tranchant et frisant l'insolence qu'ils émettent une opinion. En suivant exactement les conseils que nous venons de donner, vous en viendrez aisément à bout, car ils n'ont que de l'orgueil, et ils obéissent aux moindres impulsions de leurs petitesses, de leurs défauts et de leurs vices.

Vous les dominerez aussitôt que vous aurez appris à vous dominer.

Dr J. M. de Roche.

PREMIÈRE PARTIE

Études et connaissances préliminaires.
Théorie du fluide humain et de ses effets.

CHAPITRE PREMIER

La plus grande découverte du Siècle.

La plus grande découverte du siècle : *les rayons N*. — Les savants docteurs Luys, David, Baraduc, Adam, G. Le Bon, A. Charpentier, de la Faculté de Nancy. — L'homme est une source perpétuelle de radiations impressionnant autour de lui tout ce qui vit, tout ce qui existe. — Action de ces effluves humains sur les objets inertes.

Ce court chapitre sera consacré à faire connaître à nos lecteurs des faits que la plupart ignorent, et les convaincra absolument qu'il s'échappe du corps humain, aussi bien que de celui de tout être organisé, un fluide, des *radiations* capables, comme celles de l'électricité, du calorique, de la lumière, etc., d'impressionner à distance non seulement les corps doués de la vie animale, mais encore les corps simplement matériels, les composés chimiques, etc.

Déjà, en 1897 (1), les docteurs Luys et David avaient annoncé que les effluves qui s'échappent des extrémités des doigts et du fond de l'œil sont susceptibles d'être enregistrés sur une plaque photographique ; à ce sujet, la *Revue médicale* disait :

« Ainsi, on peut assurer qu'il se dégage normalement du corps humain, *d'une façon continue*, pendant l'état de veille, un fluide spécial qui semble être une manifestation essentielle de la vie, et qui s'extériorise, ainsi que l'a démontré dans ces derniers temps M. le Colonel Rochas, sous le nom *d'extériorisation de la sensibilité.* »

Deux autres médecins, les docteurs Baraduc et Maurice Adam, firent, par des moyens différents, des expériences qui conduisirent aux mêmes résultats : la vision, pour toute personne de bonne foi, des effets produits par ce fluide portant différents noms : *fluide vital*,

---

(1) Journal *La Radiographie*, du 10 juin 1897.

force vitale, fluide humain, od, etc. Le doigt approché d'une aiguille de cuivre suspendue par le milieu à un fil de cocon excessivement mince, le tout sous globe pour éviter l'impression d'un courant d'air ou de la respiration, attire ou repousse cette aiguille, selon l'état présumé positif ou négatif du fluide humain.

Le docteur Gustave Le Bon réussit à obtenir la photographie de fougères et autres êtres organisés, *dans l'obscurité complète*, en les plaçant simplement à proximité de la plaque sensible ; donc, tout ce qui a vie (vie animale ou vie végétale), émet un fluide, et un fluide qui inscrit sa présence, sa signature visible, quoique par lui-même invisible pour notre œil, sur des corps matériels, c'est-à-dire sur l'iodure ou le chlorure d'argent des plaques photographiques.

Enfin, M. Augustin Charpentier faisait lire à l'Académie des sciences, par l'intermédiaire de M. d'Arsonval, un de ses membres, dans la séance du 14 décembre 1903, la note suivante sur les radiations du corps humain, déjà étudiées à la même époque par un autre savant, M. Blondlot ; nous donnons cette note in-extenso, car il est bien peu de personnes, dans le vrai public, qui la connaissent, et c'est un document de la plus haute importance parmi ceux que nous possédons sur cette question (1) :

« Physique Biologique. — *Emission des rayons* n *(rayons de Blondlot), par l'organisme humain, spécialement par les muscles et les nerfs.* Note de M. A. Charpentier, présentée par M. d'Arsonval.

« En répétant à mon laboratoire, et dans des conditions diverses, quelques-unes des expériences qu'a instituées M. Blondlot sur la production et les effets des rayons *n*, et dont il a bien voulu me rendre témoin, j'ai eu l'occasion d'observer une série de faits nouveaux qui me paraissent avoir une certaine importance au point de vue physiologique.

« On sait qu'une manière commode d'obser-

---

(1) *Comptes rendus de l'Académie des sciences*, 2ᵉ semestre de 1903, page 1049.

ver les rayons de Blondlot est de les recevoir dans l'obscurité sur une substance phosphorescente assez peu lumineuse dont ils augmentent l'éclat. Il faut ensuite, naturellement, les différencier d'autres agents physiques produisant le même effet. On peut aussi prendre comme objets d'épreuve des substances fluorescentes ; ainsi je me suis souvent servi avec avantage de platino-cyanure de baryum, dont je réglais l'intensité lumineuse au moyen d'un sel de radium recouvert de papier noir et placé à une distance variable.

« Or j'ai reconnu d'abord que le petit objet phosphorescent ou fluorescent augmentait d'intensité lumineuse quand on l'approchait du corps. En outre, cette augmentation est plus considérable au voisinage d'un muscle, et d'autant plus grande que le muscle est contracté plus fortement. Il en est de même au voisinage d'un nerf ou d'un centre nerveux, où l'effet augmente avec le degré de fonctionnement du nerf ou du centre nerveux. On peut par ce moyen, et quoique l'observation soit assez délicate, reconnaître la présence d'un nerf superficiel et le suivre (nerf médian, nerf cubital, filets divers voisins de la peau).

« Ces effets ne s'observent pas seulement au contact de la peau ; ils sont perçus à distance, à l'intensité près. Ils sont transmis à travers les substances transparentes pour les rayons n (aluminium, papier, verre, etc.), et arrêtés par l'interposition de substances opaques pour les mêmes rayons, plomb (incomplètement), papier mouillé. Ils ne sont pas dus à une augmentation de température au voisinage de la peau, car ils persistent quand on interpose plusieurs lames d'aluminium ou de carton séparées par des couches d'air et formant écran calorifique.

« Ces rayons se réfléchissent et se réfractent comme les rayons n. J'ai produit des foyers réels, manifestés par des maxima d'éclairement, à l'aide de lentilles de verre convergentes. La position de ces foyers, ou mamixa, quoique difficile à bien déterminer, m'a permis de reconnaître que l'indice de réfraction des rayons émis par le corps était tout au moins de l'ordre de grandeur de celui déterminé par M. Blondlot pour les rayons n.

« J'ai répété les mêmes expériences avec succès sur une lentille plan-convexe formée par de l'eau salée à 8 0/00 contenue dans une capsule d'aluminium.

« *On pourrait se demander si le corps humain émet réellement ces rayons, ou s'il ne fait que les emmagasiner pendant le jour ou à la lumière ;* or, après un séjour nocturne de neuf heures dans une complète obscurité, les phénomènes se montrent les mêmes, et plus faciles à observer encore, à cause de l'adaptation plus parfaite de l'œil.

« Il me semble donc démontré dès maintenant que *le corps humain émet des rayons* n, et que, dans l'organisme, ce sont les tissus dont le fonctionnement est le plus intense qui les émettent en plus grande quantité. Il y a là en particulier une nouvelle méthode d'étude pour l'activité musculaire et nerveuse, et l'importance de ces nouveaux faits est capitale en ce qui concerne cette dernière, les réactions extérieures du système nerveux étant nulles jusqu'à présent, puisqu'on n'apprécie ses effets que secondairement, par la contraction musculaire ou par la sensation.

« Il y a là en outre la base de nouvelles méthodes d'explorations cliniques. On peut, avec quelque attention, délimiter l'aire du cœur, organe en activité musculaire presque continuelle ; et un petit objet luminescent promené dans la région cardiaque, au voisinage de la surface cutanée, manifeste par ses changements d'éclat la limite et la surface de projection de cet organe. »

Dans sa séance du 28 décembre de la même année, M. Charpentier faisait lire une nouvelle note dont nous extrayons ce qui suit :

« J'ai l'honneur de communiquer à l'Académie une série de nouveaux faits que m'a présentés l'étude des radiations émises par le corps vivant, radiations dont j'ai signalé l'existence dans ma note du 14 décembre dernier. On peut être assuré que l'émission de rayons n par le corps vivant n'est pas un phénomène propre à l'homme. Il se retrouve, en effet, chez les divers animaux de laboratoire (lapin, grenouille, etc.), et se retrouve sans nul doute chez les animaux inférieurs. Ce sont ici les muscles et les nerfs qui en forment la principale source, et ils en fournissent d'autant plus qu'ils sont en état de fonctionnement plus actif.

« La grenouille qui, malgré sa petitesse, est un très bon sujet d'étude, peut servir à donner une preuve de plus que l'augmentation de phosphorescence constatée dans ces expériences, n'est pas due à une élévation de température : il est facile, en cette saison, de la maintenir à une température sensiblement inférieure à celle du laboratoire ; les lois générales du phénomène n'en sont pas modifiées.

« ..... J'ai observé que la compression, même légère, d'un nerf augmentait notablement son pouvoir d'aviver la luminescence, soit au-dessus, soit au-dessous du point comprimé ; si la compression se prolonge, la radiation nerveuse finit par diminuer. Ces expériences seront facilitées quand on saura, mieux qu'aujourd'hui, localiser les faisceaux d'origine.

« Je me suis servi jusqu'à présent, dans ce but, de tubes droits en plomb, de 5 à 10 centimètres de longueur, dont une extrémité est placée contre le corps, et l'autre contient intérieurement une petite rondelle de liège ou de carton recouverte de sulfure phosphorescent. J'ai utilisé aussi des tubes de verre ou de différents métaux. Chaque faisceau de rayons, pour agir sur l'objet, doit suivre la lumière du tube. On ne peut utiliser de larges écrans, parce que chaque partie du sulfure est influencée par les autres, et l'ensemble donne un éclat d'apparence uniforme en fonction de la masse totale des rayons qui rencontrent l'écran.

« ..... Dès maintenant, on peut faire des expériences très curieuses sur la topographie de certains centres nerveux superficiels. Par exemple, les zones dites *psycho-motrices* de l'écorce cérébrale doivent se manifester par une émission localisée de rayons n durant leur fonctionnement spécial. C'est ce que j'ai constaté pour quelques-unes des mieux limitées. Parmi ces dernières est la zone dite *centre de Broca*, centre du langage articulé. Sa projection sur le crâne est déterminée avec une certaine précision, d'après les règles appliquées par les chirurgiens. Or, pendant que le sujet parle, soit à haute voix, soit à voix basse, l'objet d'épreuve promené sur le côté du crâne augmente plus ou moins de clarté à gauche dans la région voisine du centre, et offre un maximum qui correspond, dans les limites de 1 à 2 centimètres, au point de repère connu en clinique. Or, rien de pareil ne s'observe du côté droit (sur les sujets qui m'ont servi).

« *J'ai des raisons de croire que* LA PENSÉE NON EXPRIMÉE, L'ATTENTION, L'EFFORT MENTAL, DONNENT LIEU A UNE ÉMISSION DE RAYONS AGISSANT SUR LA PHOSPHORESCENCE. J'y reviendrai prochainement.

« En résumé, tout centre nerveux qui fonctionne ajoute à son émission de repos de nouveaux rayons n, en proportion de son activité. Ces rayons se transmettent en divergeant suivant les lois de l'optique, traversent avec plus ou moins de réfraction les milieux successifs, et se manifestent par une augmentation de luminescence de l'objet d'épreuve, augmentation variable suivant l'intensité de l'émission et suivant la distance. »

Il n'y a plus désormais de scepticisme à afficher.

Ce n'est pas la tradition, ce n'est pas le dogme, ce n'est pas la légende, la crédulité, l'imagination ou la sottise qui parlent. C'est la science. Ce sont des expériences scientifiques dont l'énorme importance est consacrée par l'attention et l'intérêt excessif qu'y témoigne l'un des corps les plus savants de l'univers. Ce qui était autrefois honni est aujourd'hui parfaitement reçu ; parce que cet inconnu est dépouillé du faux prestige et des exagérations dont l'entourait le vulgaire ; parce qu'il se présente à nouveau après avoir été soumis à l'examen le plus méticuleux d'une science qui ne se laisse tromper par rien, et qui fait toujours ses réserves quand elle n'est pas sûre de son verdict.

Et ce n'est pas fini : ces rigoureuses études scientifiques sur le fluide humain, ne font pour ainsi dire que commencer ; une expérience en appelle une autre ; une découverte en produit une seconde et une troisième : *la science ne fait jamais faillite*, malgré la très curieuse affirmation d'un membre de l'Académie française, laquelle n'a d'ailleurs que des rapports fort éloignés avec l'Académie des sciences.

CHAPITRE II

Effets généraux de l'hypnotisme.

Le fluide humain. — Jets d'électricité humaine. —
— Hypnotiseurs anciens célèbres. — Cures merveilleuses opérées par ces bienfaiteurs de l'humanité : cécité, surdité, hydropisie, pleurésie, fièvres, sciatique, tumeurs, cancers, écrouelles. — L'homme possédant la faculté hypnotique bien développée est partout le bienvenu. — Son charme, ses succès, son influence, sa domination sur tous. — Fascination. — Napoléon. — Aperçu sur l'ancien magnétisme. — Mesmer. — Précieux avantages des pratiques hypnotiques. — Sommeil hypnotique. — Procédés les plus simples pour hypnotiser. — Type du bon hypnotiseur.

Il ne faut plus songer à nier aujourd'hui l'existence d'un fluide humain, fluide auquel sont dus ces phénomènes tant de fois cités par les historiens, et autour desquels tant de disputes se sont élevées pour en déterminer la source ou l'origine, pour nier ou en affirmer l'existence. L'antiquité nous a laissé les noms de thaumaturges qui ne devaient leur pouvoir qu'à ce fluide alors inconnu, et nous citerons volontiers Apollonius de Tyane, qui apaisait les séditions par sa présence, guérissait les malades par son attouchement, rendait la vue aux aveugles, redressait les claudicants, et à qui l'on attribue même la résurrection d'une jeune fille à Rome, sous l'empereur Néron. On lui érigea des statues et des temples, et les païens opposèrent même ses miracles à ceux de Jésus-Christ.

Evidemment, ce fluide doit avoir plus d'un rapport avec le fluide électrique, s'il n'est pas le même que ce dernier ; où est le siège de cette production fluidique ? où est l'accumulateur qui irradie la vie dans notre corps ? Dans le cerveau. Où sont les électrodes de ce courant ? Dans le système nerveux. Certains animaux, soit pour atteindre leur proie, soit pour se défendre contre leurs ennemis, se servent de l'électricité : les gymnotes, les torpilles, les malaptérures, de nombreuses espèces de raies sont en possession de cette arme redoutable.

Chez l'homme, cette électricité ou ce fluide

électroïde agit évidemment aussi à distance, comme nous le verrons dans le courant de ce volume, mais d'une tout autre façon que l'électricité elle-même. Ce ne sont pas des manifestations brusques, bruyantes, accompagnées de bruit et de lumière ; c'est une action silencieuse, à la façon du magnétisme terrestre, qui n'est, comme on sait, qu'une transformation de l'électricité, de la lumière, du calorique, etc. Il n'y a, dans la nature, qu'une matière et qu'une force, prenant différents noms, suivant leurs diverses manières de se manifester. (Voir cours complémentaire).

De nos jours ou à peu près, c'est-à-dire à des époques plus ou moins rapprochées, d'autres personnages excitèrent l'attention et même l'admiration du public par des cures extraordinaires : Les *Saludadores* d'Espagne ; Creatrakes, célèbre en Irlande en 1665 ; Graham, qui fit sensation à Londres ; un homme connu à Paris sous le nom du Toucheur ; Gassner qui, peu de temps avant Mesmer, opérait en Allemagne des prodiges étonnants. Or ces gens-là ne cherchaient point à faire fortune ; ce n'étaient point des imposteurs ni des charlatans ; ils se croyaient tout simplement le don de guérir les maladies par l'attouchement ; ils produisaient ces effets par le magnétisme animal, quoiqu'ils les attribuassent à d'autres causes ; c'est ce que prouvent les guérisons qu'ils ont opérées et dont il est difficile de nier la réalité. La connaissance du magnétisme et de l'hypnotisme nous apprend aujourd'hui, non point à nier certains faits merveilleux, qui peuvent être fort exagérés dans quelques circonstances quoique bien attestés pour le fond, mais, à ne point en chercher l'explication dans une philosophie occulte ou dans des opinions superstitieuses. Le magnétisme est une force agissant à distance, comme l'électricité, qui n'a plus besoin de fils aujourd'hui pour imprimer une dépêche dans l'appareil récepteur. Il n'y a là rien de miraculeux.

Joseph Glanville, chapelain de Charles II d'Angleterre, et Georges Rust, évêque de

Gromore (Irlande), ont écrit sur Greatrakes des pages remarquables :

« Greatrakes, dit Rust, était un homme simple, aimable, pieux, étranger à toute fourberie. J'ai passé trois semaines avec lui, et j'ai eu ainsi l'occasion d'observer ses mœurs et de le voir guérir un très grand nombre de malades. Par l'application de sa main, il faisait fuir la douleur et la chassait par les extrémités. L'effet était quelquefois très rapide, et j'ai vu quelques personnes guéries comme par enchantement. Si la douleur ne cédait pas tout de suite, il réitérait les frictions et faisait ainsi passer le mal des parties les plus nobles à celles qui le sont moins, et enfin jusqu'aux extrémités. Je puis affirmer, comme témoin oculaire, qu'il a guéri des vertiges, des maux d'yeux et des maux d'oreilles très graves, des épilepsies, des ulcères invétérés, des écrouelles, des tumeurs squirreuses et cancéreuses au sein. Je l'ai vu amener à maturité, dans l'espace de cinq jours, des tumeurs qui existaient depuis plusieurs années.

« Ces guérisons surprenantes ne m'induisent point à croire qu'il y eût là quelque chose de surnaturel : lui-même ne le pensait pas, et sa manière de guérir prouve qu'il n'y avait ni miracle ni intervention divine. La cure était souvent fort lente, plusieurs maladies ne cédaient qu'à des attouchements réitérés, quelques-unes même résistaient à tous les soins, soit qu'elles fussent trop invétérées, soit à cause de la complexion du malade. Il paraît qu'il s'échappait de son corps une émanation balsamique et salutaire. »

Au témoignage du savant théologien, nous pouvons joindre celui d'un médecin célèbre, Astelius :

« J'ai vu Greatrakes soulager à l'instant les plus vives douleurs par l'application de sa main. Je l'ai vu faire descendre une douleur de l'épaule jusqu'aux pieds, d'où elle sortait enfin par les orteils ; une chose remarquable c'est que, lorsqu'il chassait ainsi le mal et qu'il était obligé de discontinuer, la douleur restait fixée dans l'endroit où il s'arrêtait, et ne cessait que lorsque, par de nouveaux attouchements, il l'avait conduite jusqu'aux extrémités. Quand les douleurs étaient fixées dans la tête ou dans les viscères et qu'il les déplaçait, elles produisaient quelquefois des crises effrayantes et qui faisaient craindre pour la vie du malade ; mais peu à peu elles passaient dans les membres et il les calmait entièrement.

« J'ai vu un enfant de douze ans tellement couvert de tumeurs scrofuleuses qu'il ne pouvait faire aucun mouvement : Greatrakes fit résoudre la plupart de ces tumeurs par la seule application de sa main, il ouvrit avec la lancette celles qui étaient le plus considérables, et il guérit les plaies en les touchant, et en les mouillant quelquefois de sa salive. »

Greatrakes publia lui-même la relation de ses cures à Londres et dans plusieurs villes d'Angleterre ; pas un fait qui ne soit attesté par au moins trois témoins dignes de foi ; ces témoins sont différents pour chaque guérison, et ce sont presque toujours des hommes que leur profession, leurs préjugés, leur intérêt devaient porter à rejeter des faits extraordinaires. En effet, les théologiens sont disposés à nier des guérisons qui ressemblent à des miracles et qui ne sont point dues à la religion ; les médecins ne le sont pas moins à rejeter celles qui sont opérées par un moyen occulte et des pratiques étrangères à leurs formules, et beaucoup de personnes de ces deux classes d'incrédules attestèrent la vérité des guérisons opérées. La Société royale de Londres, par l'organe de son président, le célèbre Robert Boyle, soutint la réalité des faits, et défendit Greatrakes de l'imputation ridicule de magie qu'on portait sottement contre lui.

Les maladies qu'il traitait par le magnétisme sont très nombreuses : la paralysie, la cécité, la surdité, l'hydropisie, la pleurésie, les fièvres de tous genres, la sciatique, les tumeurs, les cancers, les écrouelles, etc., ont été guéris par son seul attouchement.

Evidemment, si Apollonius de Tyane, si Gassner, si le *Toucheur*, si Greatrakes, etc., ne s'étaient pas entraînés par l'exercice quotidien de la faculté qu'ils s'étaient découverte, et que tout le monde possède d'ailleurs, ils n'eussent pu produire les cures qui forçaient l'admiration de leurs contemporains. En effet, toute faculté demande un exercice fréquent si on ne veut la voir diminuer d'intensité ou disparaître tout à fait : la mémoire, le calcul, la vigueur, l'agilité, la musique, etc., sont dans ce cas ; négligez pendant quelque temps les travaux auxquels ces facultés sont ordinairement soumises et vous n'en avez plus la possession aussi intégrale.

Les savants hypnotiseurs sont dans ce cas. Voici l'article nécrologique que le *Journal* du 20 février 1904 consacrait au Dr Liébault, de l'Ecole de Nancy ; il donne une excellente idée de ce que peut faire l'hypnotisme *pratiqué journellement :*

« Le Dr Liébault vient de mourir. Comme nous l'écrit le Dr Liégeois, voilà en quelque sorte un deuil national. Ce savant ne se contentait pas d'être le fondateur de la psychothérapie, c'est-à-dire d'une des méthodes les plus rapides et les plus subtiles de guérir : c'était encore un homme de bien et un modeste. Il contrebalança pourtant dans sa petite ville de Port-Saint-Vincent, près Nancy, la gloire de Charcot, à qui il survécut. Il faisait là, chaque jour, des miracles scientifiques, guérissant par la suggestion les neurasthéniques, réduisant d'anciennes paralysies, calmant des ataxiques, rendant l'ouïe aux sourds, consolant les tristes et ne ménageant pas aux plus pauvres ses soins gratuits.

« Le Dr Liébault naquit en 1823, à Favières (Meurthe). Il étudia de bonne heure l'hypnotisme et fonda l'Ecole de Nancy, qui échangea de célèbres discussions avec l'Ecole de la Salpêtrière, particulièrement à propos du cas de Gabrielle Bompard. Son principal ouvrage est intitulé : *Le Sommeil et les états analogues considérés surtout au point de vue de l'action du moral sur le physique.* »

Mais ce n'est pas seulement dans la guérison des maladies que réside la haute importance de cette force, de cette *aura* qui s'exhale continuellement de l'être humain et fait sentir son action autour de lui.

Voyez cet homme ; rien ne le distingue d'un autre ; pourtant, on éprouve un certain charme auprès de lui ; il plaît au premier abord, et l'on ne sait pourquoi : à première vue, l'impression qu'il produit est excessivement favorable : s'il parle, on l'écoute avec plaisir ; son élocution est simple et facile ; ses idées, toujours saines, sont exprimées nettement et avec abondance ; il trouve à leur service des mots typiques, des mots à lui ; ses gestes sont sobres, mais d'une élégance native et du meilleur aloi. Qu'a-t-il donc pour être aussi sympathique ? Il est doué d'un surcroît de cette force invisible qui ne se manifeste que par ses effets ; il est *supérieur* aux autres par l'émanation plus abondante, plus forte et plus rapide de son *aura magnétique* ; cet homme sue la force, la sympathie, l'action enveloppante de la supériorité, comme la rose sue le parfum qui lui est particulier. Sa vie réglée, ses habitudes de calme, de sobriété, d'étude, de recueillement perpétuel, de puissance et d'action sur lui-même, influent sur l'accumulateur cérébral où réside surtout le dépôt du fluide, où vibre le point initial des ondulations magnétiques.

Cet homme n'est pas le premier venu ; il est quelqu'un ; il sort du niveau commun, il tranche sur le vulgaire ; il n'est pas bavard ; il ne gesticule pas, comme les pîtres du théâtre ; il est plutôt silencieux, attentif à ce qui se passe autour de lui, mystérieux ; il a *l'esprit du silence*, qu'il n'est certes pas donné à tout le monde de posséder : il a le grand talent de se taire, quand il n'est pas absolument certain de connaître. Cet homme impose, il domine. Sa surabondance de fluide se répand dans son voisinage et pénètre les êtres humains ; son influence se fait immédiatement sentir à autrui, quoique celui-ci n'en ait pas conscience ; déjà ses voisins sont tous prévenus en sa faveur, à son aspect seulement, et s'il parle, on est tout disposé à lui donner une entière approbation. Cet homme persuade facilement, et il fait passer sa conviction dans l'esprit de son interlocuteur ; il réussit très aisément, — par ce charme même, — dans tout ce qu'il entreprend ; il trouve peu d'adversaires de parti pris ; sa volonté rompt devant lui tous les obstacles ; on dit qu'il est chanceux, que tout lui vient à souhait, qu'il est né coiffé...

Voyez cet autre homme, au visage terne, sans expression ; il a l'air de supporter douloureusement le train-train de la vie ; il se laisse pousser de ci de là par les événements ; point de réaction, point de révolte contre la malechance, point de rébellion contre les coups du sort, point de nerf ; il est roulé dès le premier obstacle, découragé au moindre insuccès, vaincu avant d'avoir combattu ; c'est la malechance en personne ; rien ne lui réussit ; il maudit continuellement la destinée ; tout conspire contre lui ; il accuse l'injustice du hasard, la guigne, la fatalité ; il se laisse aller au courant en répétant, comme le fataliste oriental : *c'était écrit...*

Non ; le hasard, le destin, la fatalité ne sont pour rien dans ce qui lui arrive ; lui seul est l'artisan de son malheur et la cause de ses perpétuels insuccès : il lui manque le ressort cérébral que possède son voisin, le fluide magnétique dont ce dernier surabonde. Et il passe inaperçu ; les faveurs du sort vont à l'autre, parce que l'autre a la tension, le nerf, la volonté, l'esprit de suite, qui le font aller au-devant des faveurs du sort, au lieu de les attendre flegmatiquement dans son coin. Rien ne s'obtient sans travail, et *vouloir c'est pouvoir*.

Voici deux commis-voyageurs.

L'un est actif, empressé, remuant, curieux de tout ce qui concerne sa profession : il a du fluide. A peine arrivé d'hier dans une ville inconnue, ce débrouillard a dix, quinze, vingt relations : il est gai, jovial, rayonnant, de bonne composition ; son visage respire le contentement d'autrui et de soi-même ; il est malin, il est adroit, il est disert, il est remuant, on le rencontre partout à la fois, toujours pétulant et toujours en joie : il emporte des commandes comme il veut et autant qu'il en veut...

L'autre est encore au lit pendant que le premier a déjà fait sa demi-journée ; il est lourd, lent à se décider, à prendre un parti ; ses insuccès continuels et sa paresse — (son peu de nerf, son absence de fluide) — font qu'il se néglige dans sa tenue, qu'il déplaît tout d'abord par toute son attitude abandonnée et fatiguée, sa nonchalance trop apparente, son expression terne et son langage embarrassé. Il n'a presque pas entamé sa besogne quand son camarade a déjà terminé la sienne ; il se plaint de la malechance, il maudit tout le monde et lui-même ; découragé, incapable de réaction, il se laisse aller au courant de la vie difficile qu'il s'est créée ; il ne réussit en rien et ne réussira jamais.

Voyez cette femme : elle plaît de suite. Sans être belle, elle attire autour d'elle une foule d'adorateurs ou d'amis empressés ; elle parle, et on l'écoute avec plaisir ; un charme inconscient pour elle et pour autrui émane de sa gracieuse personne : elle a l'*aura magnétique* et l'*aura feminea* bien développées ; son fluide pénètre immédiatement les êtres humains qui l'approchent ; elle a des succès, elle est heureuse ; on l'aime, on la choie, elle est adulée ; elle réussit dans toutes ses entreprises, elle capte les cœurs, elle se marie...

Et cette autre, plus riche, plus instruite, plus belle, passe inaperçue, s'étiole maussade dans sa vie ennuyée et ennuyeuse ; et son aspect, son attitude, son beau visage éloignent au lieu d'attirer : c'est qu'il lui manque l'exercice de ce fluide magnétique qui fait les natures supérieures.

Ah ! certes, ces natures veules, inertes, sans ressort, n'auront jamais l'idée d'imprégner autrui du fluide qui leur manque à elles-mêmes ; il ne leur viendra jamais à l'esprit de communiquer à une autre personne ce qui leur fait à peu près défaut ; ces natures-là sont condamnées à végéter impuissantes dans leur milieu obscur, chagrin et rageur. Elles enragent mais ne se révoltent pas ; elles se laissent aller ; elles s'abandonnent : *après moi le déluge*, disent-elles. Elles sont fatalistes. Tant pis pour elles : car si elles voulaient, elles réussiraient comme les autres.

Cette puissance de réaction, que possèdent à un degré plus ou moins élevé toutes les personnes de l'un et de l'autre sexe, se développe par l'exercice, par l'entraînement ; elle s'accroît par un usage rationnel de la *volonté* : il faut vouloir avec intensité, poursuivre le but sans que rien vous fasse dévier du chemin déjà parcouru et ne vous fasse abandonner le travail entrepris, quelque difficulté qui surgisse devant vous ; *il faut dépouiller le vieil homme*, mater un caractère nonchalant acceptant le mal ou le bien tels qu'ils viennent, et lui donner la virile impulsion qui lui manque; il faut forcer, par une persévérance active, volontaire, continue et rebelle à tous les obstacles, les événements à favoriser vos entreprises.

Parfois alors on fait tourner à son avantage ce qui se présentait tout d'abord sous un aspect défavorable. La fortune favorise les audacieux : le petit sous-lieutenant d'artillerie qui sortit de l'école de Brienne fût-il devenu empereur, — pauvre comme il l'était, ou riche comme il ne l'était pas, — s'il n'avait eu le ressort nécessaire pour surmonter les nombreuses difficultés qui l'assaillirent dès son entrée dans la vie militaire ?... Sa volonté dominatrice faisait tout plier devant lui ; dans son verbe éclatant, dans son geste impérieux, dans sa ténacité surhumaine, dans son esprit de suite, dans sa perpétuelle et active vision du but à atteindre se trouve le secret de sa force et de son extraordinaire carrière.

Il y a donc des êtres supérieurement doués par la nature et surtout par leur propre volonté, à qui tout réussit. Mais le hasard n'y est pour rien. Ils sont les préparateurs et les artisans de leurs propres succès, ne l'oublions pas. C'est à eux seuls que de richissimes banquiers, d'éminents savants, des littérateurs applaudis, des inventeurs ingénieux durent leur fortune, d'autant plus prodigieuse, parfois, que leurs débuts avaient été plus humbles et plus pénibles.

Ceux-là communiquent leur volonté à autrui. Leur seule présence impressionne toujours ceux qui les approchent ; leur voix sonore ou d'une douceur harmonieuse apporte le courage aux uns ou la persuasion aux autres : ils se font toujours obéir ou écouter.

Ils ont *la volonté*, qui développe le fluide magnétique. Cette volonté, ils l'exercent continuellement. Ils suggestionnent leur entourage : on sent, on devine et on exécute cette volonté, sans que la parole ou le geste l'aient manifestée ; l'âme de ces êtres supérieurs pénètre et anime tout ce qui est autour d'eux ; l'idée d'une résistance ou d'une désobéissance est inconnue à ceux qui se trouvent sous leur influence.

Et il en est toujours ainsi, lecteur ou lectrice, dans l'exercice ordinaire du magnétisme. Vous verrez, dans le courant de ce volume, comment, dans le sommeil obtenu au moyen de ce fluide, on peut provoquer chez autrui une foule d'actes qu'il accomplit avec une obéissance absolument passive ; comment, même à l'état de veille, on peut le soulager de ses maux; comment, par la suggestion hypnotique, on peut lui faire perdre de mauvaises habitudes et lui en faire contracter de bonnes ; comment on peut lui faire acquérir des aptitudes spéciales ; comment on peut efficacement agir pour corriger les vices et les défauts de l'enfance ; comment, en un mot, on substitue sa propre volonté à celle d'un sujet quelconque, et le faire momentanément vivre d'une vie factice, faite exclusivement des sentiments, des pensées et du vouloir du magnétiseur.

Donnons maintenant quelques explications nécessaires sur le fluide dont il s'agit.

Le magnétisme animal, son action sur le système nerveux, son application à la guérison des maladies et la plupart des phénomènes qu'il produit, ont été connus de tous les temps, comme nous l'avons dit plus haut. Plusieurs auteurs les ont même décrits et ont cherché à les expliquer, les anciens comme les modernes ; mais leurs descriptions, et surtout celles des modernes, sont fondées sur une physique erronée ou sur des opinions superstitieuses, ainsi que l'explique longuement un auteur français que nous nous attacherons à suivre dans cette monographie du magnétisme animal (1). Il ne faut point s'étonner de cela : on employait le magnétisme sans savoir au juste ce qu'on faisait, mais en ayant pourtant une conscience intime du bien que l'on provoquait chez l'être souffrant ; on se faisait d'ailleurs une idée absolument fausse de la source du pouvoir que l'on possédait : c'était la Divinité qui accomplissait ces prestiges par notre intermédiaire. Personne n'avait songé à ramener à une même cause les effets produits par cet agent, le *fluide de la volonté*, le *fluide cérébral*, le *fluide magnétique*, quelque nom qu'on lui donne ; personne n'avait songé à distinguer ce qui lui était dû de ce qui dépendait de circonstances étrangères, ni à annoncer aux

---

(1) *Histoire critique du magnétisme animal*, par J. P. F. Deleuze, Paris, 1819, 2 vol. in-8.

hommes qu'ils pouvaient le diriger de manière à le faire servir au soulagement et à la guérison des maladies.

Les observations de Mesmer le conduisirent à ce résultat, et c'est vraiment à lui qu'on doit la connaissance du magnétisme. Mesmer, médecin allemand, né le 27 mai 1733 à Mersbourg, en Souabe, mourut, le 15 mars 1815, dans cette même ville, après avoir étonné toute l'Europe par ses cures merveilleuses, faites en dehors de toute pratique purement médicale. Et pourtant il était médecin.

Cet homme extraordinaire, doué d'un caractère énergique, d'un esprit méditatif, d'une imagination forte, d'une volonté puissante, fut frappé de quelques phénomènes qui ne pouvaient dépendre des lois connues de la physiologie. En faisant des tentatives pour en pénétrer la cause, il réussit à les reproduire, et il reconnut dans l'homme la faculté d'agir sur les organes de ses semblables par des moyens fort simples en eux-mêmes, *mais dont l'efficacité dépend de la volonté de celui qui les emploie.*

Les succès qu'il obtint lui donnèrent une idée exagérée de sa puissance, et cette idée augmenta encore ses forces. Il crut alors que le principe qu'il avait découvert était l'agent universel de la nature, et qu'en le dirigeant d'après les procédés qu'il avait adoptés, il guérirait tous les maux et pourrait même exercer une grande influence sur l'état des hommes en général, sur leur moral surtout. C'est ce que produit couramment aujourd'hui l'hypnotisme. Les guérisons qu'il opéra étonnèrent ceux qui en furent témoins, et bientôt elles excitèrent un enthousiasme qui donna naissance aux prétentions les plus illusoires. D'un autre côté, le récit de ces merveilles souleva les incrédules, si nombreux, hélas ! et ceux-ci loin d'examiner ce qui leur paraissait absurde, l'attaquèrent tantôt par le raisonnement, tantôt par le ridicule (arme familière aux imbéciles), et, presque toujours, avec la véhémence du parti pris.

Cependant, Mesmer sollicitait depuis longtemps l'examen de sa doctrine ; il demandait qu'on le mît à même de prouver, par des expériences-comparatives, les avantages de sa méthode sur celles des médecins ; le nombre de ses partisans s'accroissait de jour en jour, et les personnes sans préjugés, pensant qu'il pouvait y avoir quelques vérités mêlées à des erreurs, attendaient de nouvelles lumières pour fixer leur opinion.

Le gouvernement crut donc devoir soumettre le magnétisme au jugement de l'Académie des sciences, de la Faculté de médecine et de la Société royale de médecine.

Les commissaires nommés par ces compagnies étaient des hommes également recommandables par leurs lumières et par leur droiture ; mais ils étaient tellement prévenus contre la doctrine du magnétisme, qu'ils ne daignèrent pas examiner les effets qu'on citait comme preuves à l'appui de cette même doctrine. Ils observèrent, pour remplir la tâche dont ils étaient chargés ; mais ils firent des expériences comme ils en auraient fait pour vérifier les phénomènes du magnétisme minéral ou de l'électricité, et ces procédés ne pouvaient en aucune manière les éclairer ;

ils virent bien quelques guérisons surprenantes quelques crises singulières : mais ils ne les attribuèrent pas à l'agent dont on leur annonçait la découverte, et ils déclarèrent que le magnétisme n'existait pas, n'avait jamais existé (et il y avait près de trois cents ans que Greatrakes, Gassner et autres l'avaient exercé !).

A peine ces doctes gens eurent-ils prononcé que le magnétisme était une chimère, que cette prodigieuse découverte fut poursuivie par le ridicule. On nia les faits les mieux attestés, comme aujourd'hui la photographie à travers les corps opaques, la télégraphie sans fils, etc. ; on traita de visionnaires et d'enthousiastes ceux qui les avaient vus, comme les malades guéris : ils avaient tout bonnement singé une maladie ; Mesmer fut accablé d'injures (on l'eût traité aujourd'hui de sale juif ou de Prussien) ; la Faculté de médecine défendit à ses membres de faire usage d'un moyen thérapeutique proscrit par elle ; elle raya de son tableau ceux qui ne voulurent pas obéir à cette défense inepte, et il n'y eut plus que des hommes courageux et zélés pour le bien qui osassent faire des observations et se dévouer pour une cause qu'ils pensaient être celle de l'humanité.

Mais quand le somnambulisme magnétique fut découvert, — par le marquis de Puységur, — la pratique du magnétisme fut universellement répandue, et les phénomènes les plus extraordinaires s'offrirent aux yeux de ceux qui voulurent observer de bonne foi.

Puis vinrent d'autres chercheurs, d'autres savants patients et convaincus, qui analysèrent les phénomènes, remontèrent patiemment des effets aux causes, et qui purent enfin constituer à l'état de science positive ce magnétisme tant honni et tant décrié : Faria en 1813, Du Potet, Rustan et Georget à la même époque, Husson en 1831, Braid et Hack-Tuk en 1841, Grimes en 1848, Azam, Broca, Charcot, etc., en 1860 (Ecole de la Salpêtrière, de Paris), Luys, Bernheim, Liébault (Ecole de Nancy), à la même époque. Aujourd'hui l'on peut tout, grâce aux vertus du magnétisme et de ses diverses formes, somnambulisme et hypnose. On procure d'abord du soulagement aux malades, on leur apporte ensuite la guérison.

Aujourd'hui les théories de Mesmer sont complètement abandonnées. Le magnétisme n'est plus considéré comme un fluide répandu dans toute la nature, pénétrant tous les corps à l'infini jusqu'au dernier astre, — s'il y a un dernier astre. Ce fluide, ou cette action, ce rayonnement, réside principalement dans le cerveau de l'homme, de l'être humain, car nous désignons par ce vocable, *homme*, l'espèce humaine ; et la femme, aussi bien que l'homme, peut aisément produire tous les phénomènes du magnétisme proprement dit, c'est-à-dire le sommeil magnétique, le somnambulisme magnétique, l'hypnotisme et les suggestions hypnotiques et post-hypnotiques. Il est dû à des causes *purement physiques*, à la volonté, à l'influence d'un être sur un autre être au moyen de vibrations cérébrales transmises par l'intermédiaire de cet inconnu mis en mouvement par une cause non encore découverte, mais dont l'action ne peut être niée, certes, puisqu'elle se produit tous les jours, à toute heure, au moment voulu, et même à des époques déterminées longtemps à l'avance : ainsi que nous le verrons plus loin, un individu accomplit inconsciemment, dix, quinze, vingt jours, et même plusieurs mois plus tard, des actes qui lui ont été suggérés pendant le sommeil hypnotique.

Divers moyens ont été préconisés pour obtenir ce sommeil ; tous ou à peu près réussissent, mais beaucoup ont été abandonnés comme trop longs, trop compliqués, ou comme absolument entachés de procédés ressortissant plutôt à l'empirisme et au charlatanisme qu'à une pratique sérieuse : les baquets de Mesmer sont aujourd'hui complètement tombés dans l'oubli.

Disons quelques mots des procédés encore en usage, et que recommande en ces termes le célèbre Deleuze, qui a longuement traité de cette science dans plusieurs ouvrages ; il ne s'agit ici, bien entendu, que de l'usage du magnétisme au point de vue médical :

« Etes-vous auprès d'un malade que vous voulez soulager, dit-il, placez-vous vis-à-vis de lui, de manière que vos genoux et vos pieds touchent les siens. Prenez-lui les pouces, et restez dans cette situation jusqu'à ce que vous sentiez que vos pouces et les siens ont le même degré de chaleur. Passez ensuite les mains sur ses épaules ; laissez-les-y deux ou trois minutes, et descendez le long des bras pour reprendre les pouces. Répétez cette manœuvre trois ou quatre fois. Ensuite, posez vos deux mains sur son estomac, de manière que vos pouces soient placés sur le *plexus solaire* (1), et les autres doigts sur les côtés. Lorsque vous sentirez une communication de chaleur, descendez les mains jusqu'aux

---

(1) On appelle *plexus* un réseau formé par l'entrelacement de filets de nerfs ou de vaisseaux. Le *plexus solaire*, situé au niveau du creux de l'estomac, est formé par les branches du grand sympathique et par le nerf pneumo-gastrique droit. Des ganglions nerveux, les nerfs splanchniques, et des ramifications du nerf phrénique complètent ce plexus, un des plus importants de ceux qu'on remarque dans le corps humain ; les physiologistes lui donnent parfois le nom de *cerveau abdominal*.

genoux ; ensuite replacez-les au-dessus de la tête, pour les ramener de nouveau jusqu'aux genoux, ou même jusqu'aux pieds, et continuez de la même manière, en ayant la précaution de détourner vos mains chaque fois que vous remontez vers la tête.

Cette précaution de ne jamais magnétiser de bas en haut, et d'écarter les mains avant de les ramener vers la tête, a paru être toujours essentielle dans tous les procédés. Je dois ici expliquer quelques expressions dont se servent les magnétiseurs : *se mettre en rapport avec quelqu'un*, c'est le toucher une première fois, et de son consentement ; pour établir le rapport entre deux personnes, il suffit de les toucher *en même temps* l'une et l'autre. On magnétise une personne d'autant plus facilement qu'elle l'a été par vous antérieurement plusieurs fois déjà ; il suffit souvent alors de s'approcher du sujet et d'exercer sur lui sa volonté. On donne le nom de *passe* à l'action de passer la main sur le corps ou une partie du corps du sujet. Lorsqu'on conduit les mains du sommet de la tête le long des bras jusqu'au bout des doigts, ou sur le corps jusqu'à l'extrémité des pieds, on appelle cette pratique *magnétiser à grands courants*. Le magnétisme à grands courants ne peut jamais faire de mal : c'est pourquoi l'on conseille de l'employer d'abord, en attendant que les circonstances indiquent l'utilité de quelque autre procédé.

Faites en sorte que vos passes soient distinctes les unes des autres. Au lieu d'aller jusqu'aux pieds, ce qui est gênant, vous pouvez vous arrêter aux genoux ; mais, dans ce cas, il faut, avant de finir, faire plusieurs passes le long des jambes et des pieds. Touchez légèrement et avec lenteur, en passant la main à environ quatre ou cinq centimètres de distance devant le visage, et l'appliquant ensuite sur les vêtements. N'employez aucune force musculaire pour diriger l'action du magnétisme. Mettez dans vos mouvements de l'aisance, de la souplesse. Votre main ne doit pas être tendue ; il faut, au contraire, que vos doigts soient légèrement courbés, parce que c'est principalement par l'extrémité des doigts que le fluide s'échappe.

Continuez à magnétiser pendant environ trois quarts d'heure.

Comme il est indispensable que l'attention ne soit jamais détournée, une séance plus longue pourrait vous fatiguer. N'ayez jamais d'incertitude dans vos opérations ; ne vous inquiétez aucunement des résultats à obtenir ; agissez avec confiance, avec abandon : ne faites aucun effort d'attention ; livrez-vous uniquement à un sentiment d'extrême bienveillance pour le sujet, au désir de faire le bien. Ayez d'ailleurs toujours présentes à l'esprit ces conditions, qui assurent la parfaite réussite du magnétisme :

Une volonté active vers le bien ;

Une ferme persuasion en la puissance du magnétisme ;

Une confiance entière en l'employant ;

Et la ferme persuasion que vous possédez une puissance personnelle. »

Tous les hommes n'ont pas la même puissance magnétique. Il faudrait que la théorie du magnétisme fût mieux connue pour rendre raison de cette différence. On ne peut présenter à ce sujet que des conjectures seulement, qui tiennent à la plus ou moins grande intensité :

1° De la force de la volonté;
2° De la direction de la volonté;
3° De la capacité d'attention;
4° De la croyance en la vertu magnétique;
5° De la confiance en sa puissance personnelle, qui est une conséquence de la croyance;
6° De la bienveillance et de l'intention;
7° De la constitution physique et de la santé.

Reprenons :

1° Pour avoir une volonté énergique, il ne suffit pas de se dire à soi-même : *je veux !* — Il faut que cette volonté parte naturellement de l'âme ; qu'elle naisse d'un vif désir de succès ; qu'elle ne soit troublée par aucun obstacle.

2° La direction de la volonté doit être constante, uniforme, tranquille. Il faut que dans cette direction il n'y ait jamais rien de vague et d'incertain ; qu'on ne cherche point à produire des phénomènes curieux seulement, mais, au contraire, tout naturels.

3° Il faut que l'attention soit exempte de contrainte et d'effort ; qu'elle ne soit distraite par rien, et qu'elle ne cause point de fatigue.

4° La croyance donne la force de vaincre les obstacles ; elle soutient la volonté, elle empêche l'inquiétude.

5° La confiance en sa puissance personnelle est une suite de cette croyance ; il n'est pas douteux qu'elle augmente la force, ou plutôt les moyens d'en faire usage, et qu'elle donne plus d'énergie à la volonté.

6° Quant à l'intention, le magnétiseur ne produit des effets salutaires qu'autant qu'il est pénétré d'un sentiment de bienveillance, d'un tendre intérêt pour le sujet qu'il veut guérir de certains maux, ou de mauvaises habitudes, de penchants vicieux, etc. En général, ceux qui ont un esprit calme, pondéré, une âme tendre et sensible, sont bien meilleurs magnétiseurs que ceux qui ont une imagination exaltée, vive et forte.

7° Quant à la constitution physique, il est certain qu'une personne d'un tempérament faible ne saurait magnétiser avec la même énergie qu'un être robuste, exerçant ses facultés sans la moindre fatigue.

Le magnétisme est une *communication des forces vitales;* et ces forces seront évidemment bien moindres dans un homme infirme et chez un vieillard que dans un homme sain et vigoureux.

Il y a entre les hommes, comme entre les femmes d'ailleurs, des différences qui tiennent à la fois du physique et du moral, et qui ont une prodigieuse influence sur leur puissance magnétique.

Les uns sont d'un caractère ferme, actif, prononcé; les autres sont mous, indolents, incertains.

Les uns ont une sensibilité facile à émouvoir; les autres, apathiques, ne sont jamais émus de rien.

Les uns sont d'une extrême vivacité ; les autres sont froids et tranquilles.

Il en est enfin qui *veulent* avec énergie, avec ténacité ; et d'autres qui *désirent* faiblement.

Le meilleur magnétiseur est celui qui a un tempérament robuste, un caractère à la fois calme, tranquille et résolu ; le germe des passions vives sans être subjugué par elles ; une volonté forte sans emballement ; de l'activité unie à la patience ; la faculté de concentrer son attention sans effort, et qui, en magnétisant, s'occupe uniquement de ce qu'il fait.

Ces personnes-là ne sont pas très communes, évidemment, et voilà pourquoi les excellents magnétiseurs et hypnotiseurs, comme Luys, Liébault, Bernheim, Charcot, etc., sont parfois difficiles à rencontrer. Mais il n'en faudrait pas conclure que les personnes qui ne possèdent pas toutes les qualités que nous venons d'énumérer ne peuvent magnétiser avec succès. Tout le monde ne joue pas du violon comme Paganini, mais le violon compte néanmoins des artistes de divers talents. Tout le monde possède en soi la force vitale ; autrement on mourrait en naissant. Si donc certaines personnes ne produisent pas des effets aussi remarquables que d'autres, elles en produisent toujours assez pour se convaincre de leur puissance absolument réelle.

La différence de sexe n'a aucune influence, ni directe ni relative, — nous ne saurions trop le répéter, — sur la puissance magnétique. Les femmes magnétisent tout aussi bien que les hommes ; elles font de même d'excellents somnambules ; on doit même les préférer pour magnétiser les personnes de leur sexe.

On ne voit d'ailleurs pas trop pourquoi la femme ne jouirait pas de cette faculté aussi bien que l'homme. N'est-ce pas elle qui fait l'homme et qui donne des soins plus directs aux enfants ? Elle les allaite, elle veille plus particulièrement à leur santé ; son fluide doit donc avoir une analogie d'autant plus grande avec le leur. La nature a placé en outre dans son cœur les plus doux sentiments d'amour et d'affection, qui sont les principaux véhicules du magnétisme. Et même, le magnétisme étant une action sympathique, nous croyons que, par une suite naturelle de cette sympathie, cette action serait d'autant plus bienfaisante, si elle était exercée sur la femme par l'homme et sur l'homme par la femme.

CHAPITRE III

Guérison des maladies physiques et morales par l'hypnotisme.

Principaux procédés usuels pour utiliser l'hypnotisme dans la guérison des maladies physiques et morales. — Obstructions. — Maux d'estomac. — Résolution des glandes. — Migraines. — Transport du sang à la tête. — Maux de tête. — Maux d'yeux. — Maux d'oreilles. — Insomnie. — Mélancolie. — Rhumatismes. — Douleurs articulaires. — Circulation du sang embarrassée. — Chutes. — Mauvaises digestions. — Foulures. — *Pour faire disparaître les mauvaises habitudes* : Abus du tabac. — Excès des boissons, ivrognerie. — Morphinomanie. — Jeu. — *Utilité de l'hypnotisme pour corriger le jeune âge* : Désobéissance. — Mensonge. — Amour immodéré du jeu. — Inattention. — Rébellion. — Paresse.

Le magnétisme, — le *fluide humain*, — était jadis, au temps de Mesmer et de ses successeurs immédiats, exclusivement employé à la guérison des maladies physiques.

Il réussissait évidemment : les exemples de ces faits sont si nombreux qu'un semblant de discussion ne saurait même être soulevé à ce sujet. S'il guérissait jadis, avec ses procédés primitifs, il guérit encore aujourd'hui, cela ne fait pas de doute : un poison tuait jadis et continue à tuer aujourd'hui ; une plante guérissait autrefois et continue à guérir aujourd'hui. Avant de poursuivre notre étude sur les évolutions et les transformations successives du magnétisme, donnons ici, pour ceux de nos lecteurs qui voudront faire l'apprentissage de ses pratiques tendant au soulagement du prochain, — et qui le voudront *résolument, avec assiduité*, — les indications qui leur sont nécessaires.

Il existe dans ce but une foule de procédés, applicables selon les circonstances ; le magnétiseur les devine souvent par les sensations qu'éprouve le malade ; quelquefois celui-ci, surtout à l'état somnambulo-magnétique, les indique lui-même au praticien ; nous nous bornerons à donner ici les meilleurs et les plus simples de ces procédés.

L'application de la main convient toujours sur une **obstruction** qu'on veut dissoudre ; il n'y a jamais d'inconvénient, dans ce cas, à concentrer l'action des doigts sur l'organe obstrué (**attouchements sur le vêtement d'abord** ; **puis passes à trois ou quatre centimètres de distance**). On présente souvent les doigts en pointe et on tourne la main pour exciter un mouvement ; on descend ensuite de temps en temps pour déterminer un courant vers le bas.

Dans le même cas (*obstructions* et *engorgements*), un procédé très actif est celui de souffler chaud sur la partie malade. On met pour cela un mouchoir ou un linge quelconque sur les vêtements, on pose sa bouche dessus, et l'on fait fortement passer son haleine au travers. Cela produit une chaleur vive, qui d'abord est une simple chaleur physique ou mécanique, mais qui, lorsqu'elle devient magnétique **par la volonté persistante**, est bien plus active et plus pénétrante.

Le même moyen réussit dans les **maux d'estomac produits par atonie**.

Il réussit encore pour dissoudre les **glandes au sein**.

Dans les **migraines**, on a observé qu'on faisait parfois du mal en s'arrêtant sur la tête, et qu'on les guérissait en appliquant les mains sur l'estomac, puis sur les genoux, et en faisant ensuite un grand nombre de passes sur les jambes jusqu'à l'extrémité des pieds. Règle générale : posez les deux mains de chaque côté de la tête, et non pas sur le haut ; laissez-les-y deux minutes, puis descendez-les lentement sur les épaules ; laissez-les deux minutes encore ; faites lentement des passes jusqu'aux cuisses, le long des bras, puis d'autres des genoux aux pieds.

Lorsque le sang se porte à la tête, vous vous servez du même procédé pour faciliter le cours normal de sa circulation dans le corps.

Si, en magnétisant, on a trop chargé la tête, on est sûr de la dégager en soufflant *froid et de loin* sur le crâne, puis sur le front.

Si une **douleur de tête** a été produite par une chute, un coup, on tient pendant assez longtemps les mains sur la tête pour y concentrer l'action, et l'on descend ensuite plusieurs fois, comme nous l'avons expliqué plus haut, pour attirer en bas le sang et les humeurs ; celles-ci sont ensuite résorbées et disparaissent par les voies naturelles : il faut agir d'autant plus fortement que le coup est plus ancien.

Lorsque le **flux menstruel** est dérangé chez la femme, ou lorsqu'elle est affectée de coliques, on fait cesser ce désordre en tenant les mains sur ses genoux et en faisant des passes le long des jambes.

Le beau temps, le temps vif et serein, est plus favorable au magnétisme que le temps nébuleux et froid : c'est là une indication dont il n'est pas inutile de tenir compte.

La digestion d'une personne est arrêtée : son estomac est, pour ainsi dire, barré ; et elle éprouve de violentes coliques : nous mettons une main sur l'estomac et l'autre du côté opposé, sur le dos ; nous restons deux ou trois minutes dans cette position. Il en résulte d'abord de la chaleur ; ensuite une crise digestive, à la suite de laquelle succèdent le repos et la fraîcheur que détermine la digestion normale, produite par l'activité que nous avons rendue aux viscères. L'estomac et le ventre sont dégagés, et nous avons prévenu l'inflammation que cet engorgement eût occasionnée.

On se foule un vaisseau par un effort ; il en résulte l'enflure de ce vaisseau par le sang qui s'y est arrêté : en mettant une main sur l'endroit douloureux et l'autre sur le côté opposé, le fluide magnétique pénètre et détend ce vaisseau, et par suite rétablit la circulation normale du sang.

Les procédés et les effets sont semblables pour tous les *efforts* que peuvent subir les nerfs et les fibres. Il en est, à peu de chose près, de même pour tous les autres cas ; tout ce qui peut arrêter plus ou moins le jeu intérieur de notre machine humaine cède plus ou moins promptement à l'action du fluide magnétique, selon la gravité ou l'ancienneté de la cause.

Maux d'yeux. — Faites des passes sur la tête du malade et arrêtez-vous sur les yeux : mettez ensuite sur les yeux un mouchoir plié en plusieurs doubles, et insufflez au travers votre haleine chaude. Recommencez les passes en descendant le long des bras ; secouez vos mains comme d'habitude, après ces passes, avant de les recommencer, et répétez ces mouvements plusieurs fois de suite ; replacez le mouchoir, et insufflez encore de l'air chaud ; les douleurs cesseront promptement.

Faites les mêmes opérations sur une oreille malade.

Insomnie. — On endormira le malade et, par la suggestion post-hypnotique — dont il sera question tout à l'heure, — on lui ordonnera de dormir le nombre d'heures que l'on jugera à propos. Il se réveillera à l'heure fixée d'avance, et pendant ce laps de temps il aura dormi sans éprouver aucune douleur, sans fatigue et sans interruption. Au réveil, son corps sera reposé et aussi dispos que s'il avait dormi d'un sommeil absolument naturel.

Le magnétisme et l'hypnotisme rendent la gaîté aux personnes d'un naturel enclin à la **mélancolie** : dans le sommeil hypnotique on leur suggère d'heureuses idées ; on leur dit qu'elles se rendent un objet de répulsion pour leur entourage ; on leur ordonne de prendre le temps et les événements comme ils viennent ; on leur fait un devoir de se montrer calmes, sages, d'humeur causeuse.

En ce qui concerne les **rhumatismes et les douleurs articulaires**, faites, comme pour les maux d'yeux, d'oreilles, etc., des passes sur les endroits douloureux, et pratiquez des insufflations d'air chaud. Recommencez plusieurs fois également, en alternant ces insufflations avec des passes magnétiques : les douleurs se calmeront d'abord, puis disparaîtront.

Il arrive souvent qu'une habitude est devenue invétérée, incorrigible. Tous les moyens ont été employés à l'état de veille : rien n'y a fait ; il faut alors avoir recours à l'hypnotisme, qui réussit toujours dans les cas où les conseils et même les pratiques médicales sont demeurées sans résultat.

Vous endormez le sujet, et vous lui suggérez par exemple que le tabac — s'il est grand fumeur — est absolument nuisible à sa santé ; c'est un poison violent, quoique lent à produire ses effets, et il doit cesser de fumer. Ces suggestions se font de la manière suivante : écoutez-moi bien... vous ne fumerez plus... le tabac est un poison... il détruit vos poumons... votre santé est en danger... si vous continuez, vous ne vivrez pas longtemps... ne fumez plus... ne fumez plus... A partir d'aujourd'hui vous ne fumerez plus... vous ne fumerez plus... je vous défends absolument de fumer... Vous trouveriez d'ailleurs au tabac un goût abominable...

Dans le cas d'*excès de boisson, d'ivrognerie*, on agira de même. On suggèrera au sujet des pensées de sobriété ; on lui dira qu'il ruine sa santé, qu'il perd l'appétit, que sa tête s'alourdit ; qu'en cet état il peut devenir criminel ; que s'il continue, il se perdra physiquement et moralement. On lui suggèrera ensuite que les liqueurs auxquelles il est spécialement adonné auront pour lui un goût détestable, l'amertume de l'aloès, etc.

Au réveil, le sujet éprouvera une grande répulsion pour les liqueurs qu'il aimait auparavant.

Il en est de même pour toutes les autres mauvaises habitudes, qui finissent par devenir un véritable besoin, comme la **morphinomanie**, le **jeu** sous toutes ses formes, où la fortune et l'honneur d'un individu peuvent sombrer. Les mêmes moyens et des suggestions analogues auront promptement débarrassé le sujet de ces vices.

C'est dans le **jeune âge** surtout que se développent les **propensions mauvaises**, et que se contractent les **habitudes vicieuses**. Ici, encore et surtout, l'hypnotisme sera de la plus grande utilité. L'enfant sera endormi, comme d'habitude, par des passes magnétiques réitérées ou par la vision persistante d'un objet brillant, puis on lui fera des suggestions en rapport avec ses défauts. S'il est désobéissant, on lui suggèrera que rien n'est beau, n'est plus nécessaire au bien de l'enfant que l'obéissance, et on lui fera le commandement d'obéir dorénavant sans mot dire à tout ce que lui ordonneront ses parents et ses maîtres.

Mêmes procédés s'il est menteur. On lui fera horreur de ce vice ; on exaltera les effets heureux, pour un enfant, de dire toujours la vérité, et on lui suggèrera de ne plus mentir désormais. L'opération, répétée plusieurs fois, aura les résultats les plus efficaces.

Il en sera de même s'il s'agit de corriger un enfant trop joueur, paresseux, distrait, inattentif, rebelle ; en un mot, ayant les principaux défauts du jeune âge. L'hypnotisme provoqué pendant quelques jours, et accompagné de suggestions appropriées, domptera ces petits caractères, rendra les enfants studieux, attentifs, travailleurs et soumis à l'enseignement de leurs maîtres comme aux conseils et aux recommandations de leurs parents. Remarquons qu'un sujet hypnotisé ne se rappelant jamais, au réveil, de ce qui s'est passé pendant le sommeil factice où on l'a plongé, l'enfant se prêtera volontiers à ces manœuvres magnétiques, et prendra pour de propres déterminations personnelles les heureuses dispositions au travail et à la sagesse qui lui auront été suggérées.

CHAPITRE IV

Effets de la suggestion hypnotique.

Somnambulisme magnétique, *première phase de l'hypnotisme*. — *Deuxième phase :* l'hypnotisme réel. — Hypnotisme et suggestion. — Phénomènes spéciaux de la suggestion hypnotique : transformation du sujet. — A volonté, il change d'âge, de personnalité, de profession, de métier. Il est potentat, laboureur, musicien, diplomate, etc. — Causes réelles de l'hypnotisme. — La pensée de l'hypnotiseur se substitue à celle du sujet. — Comment réveiller le sujet hypnotisé.

Le somnambulisme magnétique est cet état particulier de la personne magnétisée dans lequel elle paraît dormir, quoiqu'elle soit entièrement soumise, comme pendant la veille, à l'influence de son magnétiseur. Il se produit de lui-même, quand le magnétiseur a une grande influence sur son sujet.

Lorsque le magnétiseur produit cet état

particulier, le SOMNAMBULISME, l'être qui se trouve dans cet état acquiert une extension prodigieuse dans la faculté de sentir ; plusieurs de ses organes extérieurs, ordinairement ceux de la vue et de l'ouïe, sont assoupis, et toutes les sensations qui en dépendent s'opèrent intérieurement. Il y a dans cet état un nombre infini de nuances et de variétés.

Le somnambule a les yeux fermés et ne voit pas par les yeux ; il n'entend pas par les oreilles : mais il voit et entend mieux que l'homme éveillé. Il ne voit et n'entend que ceux avec lesquels il est en rapport magnétique. Il ne voit que ce qu'il regarde, et il ne regarde que les objets sur lesquels on dirige son attention.

Il est soumis à la volonté de son magnétiseur, il suit cette volonté avec une facilité extraordinaire.

Il voit le fluide magnétique (*le fluide humain*) sous forme de lumière plus ou moins vive émanant de la tête et des mains du magnétiseur. Il voit, ou plutôt il sent, l'intérieur de son corps et celui des autres ; et il remarque ordinairement et facilement les parties qui ne sont pas dans l'état naturel et dont l'harmonie est troublée.

Il retrouve dans sa mémoire les choses qu'il avait oubliées pendant la veille.

Il a des prévisions et des présentations.

Il s'énonce avec une facilité surprenante.

Il se perfectionne de lui-même, avec le temps, s'il est conduit par son magnétiseur avec prudence et sagesse.

Lorsqu'il rentre dans l'état naturel, — *quand il est réveillé*, — il perd absolument le souvenir de toutes les sensations et de toutes les idées qu'il a eues dans l'état de somnambulisme.

Comment expliquer ces choses extraordinaires ?..... La science ne dira jamais son dernier mot. Néanmoins on peut hasarder, faute de mieux, les explications suivantes :

Dans l'état de veille, l'impression reçue à l'extérieur par les organes se transmet au cerveau, dans lequel s'opère le phénomène de l'impression : l'organe *œil* est frappé par la lumière, le cerveau est impressionné, l'homme *voit*. Dans l'état de somnambulisme, l'œil étant clos, l'impression est communiquée au cerveau par le fluide humain : le cerveau a l'impression de la vision sans avoir besoin de l'œil. Il en est de même de l'ouïe.

Le somnambule sait une infinité de choses qu'il ignore à l'état de veille. Pourquoi ? Parce qu'il a des sensations infiniment plus délicates, un souvenir distinct et parfaitement détaillé de tout ce qu'il a su jadis (et oublié à l'état de veille), de tout ce dont il a été affecté; la mémoire, chez lui, est à l'état de tension aiguë ; c'en est assez pour produire ces résultats étonnants. Toutes les sensations que nous avons éprouvées dans notre vie ont laissé des traces dans notre cerveau. Ces traces sont légères ; nous ne les apercevons pas plus que nous ne voyons les infiniment petites sinuosités tracées sur les plaques d'un phonographe, le long des lignes marquant les diverses tonalités et sonorités des instruments d'un orchestre ou l'élégante diction d'un orateur... Et cette plaque ou ce cylindre du phonographe, matière inerte, se souvient parfaitement de ce que le hasard a voulu qu'ils entendissent, et ils le répètent imperturbablement, note à note, avec toute la vérité de l'intonation, de la sonorité, des inflexions, et des bruits accessoires produits autour du son principal.

Ainsi, le somnambule peut se rappeler fidèlement une conversation qu'il a entendue, un livre qu'il a lu quand il avait dix ans (et il en a soixante aujourd'hui), sans que cela ait rien de contraire à l'ordre naturel. Il se rappelle de même les impressions qu'il a éprouvées, et, pour voir quel effet produira sur lui tel ou tel aliment, il suffit qu'il en ait une fois goûté, jadis.

Un somnambule qui ne parle habituellement que le patois de sa province parlera peut-être le français, parce qu'il a entendu parler cette langue autrefois, — qu'il était même obligé de la parler, quand il était enfant et qu'il allait à l'école, — mais qu'il a oubliée depuis longtemps, à l'état de veille. Mais jamais un somnambule ne parlera une langue étrangère *non connue* jadis, ou dont la connaissance n'a pas été ébauchée jadis dans un voyage, etc. Exemple bien typique, une dame, originaire de Saint-Domingue, habitait Paris depuis l'âge de six ans ; or elle en avait quarante, et elle avait complètement perdu l'usage de la langue créole. Pendant le sommeil magnétique, elle se ressouvenait des moindres détails de son enfance, et elle ne s'exprimait que dans le langage de la nourrice négresse qui l'avait élevée.

Un somnambule saisit la volonté de son magnétiseur ; il exécute une chose qui lui est demandée *mentalement*, sans proférer une parole. Pour se rendre compte de ce phénomène, il faut considérer les somnambules comme des aimants d'une délicatesse infinie : il ne se fait pas un mouvement dans le cerveau de leur magnétiseur, sans que ce mouvement ne se répète dans le leur. Placez l'une à côté de l'autre deux harpes à l'unisson, bien accordées, et que l'on pince l'une des cordes de l'une d'elles, un *ré* par exemple : la corde correspondante de l'autre résonnera aussitôt.

En un mot, le somnambule n'a que les facultés de l'homme éveillé ; mais ces facultés sont infiniment plus libres, plus étendues, infiniment plus délicates.

L'Hypnotisme, ou état de suggestion mentale ou parlée, est un succédané du somnambulisme ; c'en est un genre tout particulier. Et il a ceci de particulier aussi, qu'il peut être provoqué par des moyens autres que les passes magnétiques ; par exemple, par la concentration de la pensée et de la vue sur un objet fixe ou en mouvement, et généralement brillant. C'est le médecin anglais Braid qui a découvert cette manière d'hypnotiser, et il décrit ainsi l'état produit : « Il y a deux degrés dans l'hypnotisme. Dans le premier, tous les sens, excepté celui de la vue, la sensibilité à la chaleur ou au froid, la force musculaire et certaines facultés intellectuelles, sont fort exaltés. La conscience du *moi* persiste, et le sujet demeure docile. L'expression du visage se modifie au gré de l'expérimentateur, qui jouit alors d'un pouvoir d'impression énorme sur le sujet. Au second degré, la dépression succède à la surexcitation de l'organisme. Le sujet tombe dans un état comateux. La rigidité musculaire existe ou se produit facilement. Si l'on soulève doucement les bras ou les jambes du patient, on remarque qu'il a une disposition à les garder dans la situation où ils ont été mis. Il est dans un état de *catalepsie artificielle.* »

C'est alors que son intelligence se trouve profondément modifiée, pendant la première phase de l'hypnotisme. Demandez son nom à un individu hypnotisé, il le dira sans hésiter. Si vous lui suggérez qu'il est l'empereur Napoléon Ier, il le croira effectivement, parlera, *écrira*, comme il est persuadé que le faisait ce souverain. Dites-lui qu'il a six ans à peine, et il marmonnera, bafouillera, bêtifiera, gesticulera comme un bambin de cet âge ; dites-lui qu'il a quatre-vingts ans : ses allures et tout son être prendront aussitôt la manière d'être d'un vieillard.

On produit chez lui les hallucinations les plus complètes des sens ; on arrive par la suggestion hypnotique à lui faire croire qu'il voit réellement quelqu'un sur un siège vide, et il décrit minutieusement les vêtements de cette personne fictive, telle que vous lui en suggérez mentalement la description de cerveau en cerveau. Présentez-lui votre main, et suggérez-lui d'y respirer le tabac qu'elle est censée contenir : aussitôt il éternuera violemment. Dites-lui, à haute voix ou mentalement, qu'un orchestre joue : il entendra la musique et en sera ravi, s'il est musicien. Si vous avez entendu un opéra, rappelez-vous-en l'orchestration, et le plaisir que vous faisait éprouver, par exemple, le chœur des soldats, de *Faust* : immédiatement il entendra ce morceau, et manifestera la plus expressive satisfaction.

Faut-il absolument, comme l'expose Braid, qu'un objet brillant soit présenté au sujet, à vingt ou vingt-cinq centimètres de la figure, un peu au-dessus du front, pour faire entrer en hypnose au bout d'un quart d'heure, de vingt minutes ?

Non.

La vue prolongée du doigt de l'opérateur peut suffire. Egalement, le magnétisme ordinaire suffit pour provoquer le somnambulisme d'abord, l'hypnose ensuite. Une personne impressionnable, nerveuse, aux sens délicats et surexcitables, ayant surtout déjà été mise plusieurs fois en cet état, entrera en sommeil artificiel rien que par la contention de son esprit, par le seul fait du commandement de l'opérateur, ou par son propre désir et son attention expectative.

Dans le sommeil artificiel, le sujet soumis à la suggestion hypnotique pense et agit comme le veut l'opérateur, nous l'avons déjà dit ; mais, à son réveil, il ne se rappelle plus rien, ni ce qu'il a pu dire ni ce qu'il a pu faire, et presque toujours, endormi de nouveau, endormi même un an après et plus, il se rappelle exactement, pour l'oublier encore au réveil, tout ce qu'il a dit ou fait pendant ce sommeil antérieur.

Pour réveiller le sujet plongé dans l'hypnose, on peut lui souffler sur les yeux en lui commandant de se réveiller, ou faire des passes magnétiques en sens contraire, c'est-à-dire de bas en haut : il suffit parfois d'une secousse ou d'un grand bruit fait à ses côtés.

Nous reviendrons d'ailleurs plus loin sur cette question du réveil.

DEUXIÈME PARTIE

Procédés infaillibles
pour
obtenir tous les phénomènes du magnétisme,
du somnambulisme
et de la suggestion hypnotique,
et pour
dominer ses semblables.

CHAPITRE V

Principes du pouvoir personnel.

Conditions essentielles pour acquérir l'influence sur autrui. — Procédé général préliminaire. — Comment produire le sommeil hypnotique. — Autre moyen. — Commencement de suggestion. — Actes suggérés d'abord : bras raidi. — Jambes raidies. — Mains collées ensemble. — Objets dont la main ne peut se détacher quand elle les a saisis. — Paupières soudées. — Impossibilité de s'asseoir. — Se lever. — Perte de la mémoire. — Réveil du sujet. — Comment on doit agir avec les sujets malades. — Comment se préserver de l'influence hypnotique d'autrui.

Nous avons déjà dit au chapitre II, page 31, les conditions requises pour magnétiser avec succès, c'est-à-dire pour soumettre un sujet à l'influence de notre fluide personnel :

Une volonté active vers le bien ;

Une ferme persuasion en la puissance du magnétisme ;

Une confiance entière en l'employant ;

La ferme persuasion de sa propre puissance personnelle.

Avant d'aller plus loin, nous engageons le lecteur à relire soigneusement cette partie de notre ouvrage, comme aussi nous lui répétons ce que nous disions dans notre avant-propos, c'est-à-dire d'apporter **la plus scrupuleuse attention** à suivre de point en point les instructions qui lui sont données dans ce livre ; de là seulement dépendra le succès. On ne peut le garantir aux distraits, aux étourdis, aux personnes sans idée fixe, sans caractère, sans volonté, sans esprit de suite. C'est aux personnes absolument sérieuses, sûres d'elles-mêmes, que nous nous adressons : qu'elles se conforment aux règles données, et l'infaillible succès les attend.

Il y a plusieurs manières de provoquer le sommeil magnétique ; nous répéterons, — comme étant la plus ancienne, — ce que nous avons dit plus haut :

La personne étant assise sur une chaise,

vous vous asseyez en face d'elle, de manière que vos genoux et vos pieds touchent les siens. Prenez-lui les pouces, et restez dans cette situation jusqu'à ce que vous sentiez que vos pouces et les siens ont le même degré de chaleur. Posez ensuite les mains sur ses épaules ; laissez-les-y deux ou trois minutes, et descendez le long des bras pour reprendre les pouces ; répétez cette manœuvre trois ou quatre fois. Posez ensuite une main ou les deux sur son estomac, de manière que vos pouces soient placés sur le plexus solaire, situé au niveau du creux de l'estomac, et les autres doigts sur les côtés. Lorsque vous sentirez une communication de chaleur, descendez les mains jusqu'aux genoux ; ensuite, replacez-les au-dessus de la tête, pour les ramener de nouveau jusqu'aux genoux, ou même jusqu'aux pieds ; et continuez de la même manière, en ayant la précaution de détourner vos mains chaque fois que vous remontez vers la tête pour recommencer vos passes. Ces simples pratiques répétées suffisaient pour endormir un sujet, même un sujet nouveau, par conséquent non habitué à l'influence sur lui d'un fluide étranger. D'autres fois, à la simple volonté exprimée mentalement ou verbalement par le magnétiseur, le sujet s'endormait.

Vous pouvez donc procéder ainsi qu'il suit :

Tout en faisant les passes indiquées ci-dessus, actionnez votre fluide ; ayez la ferme intention d'endormir magnétiquement le sujet ; donnez-lui-en l'ordre mentalement à plusieurs reprises ; puis, répétez cette injonction à **haute voix, avec autorité, sans pourtant crier**, sans éclats de voix, et dites avec autorité : vous vous endormez... vous allez dormir... vous allez dormir... dormir... je le vois... ne résistez pas... vous vous endormez... vous allez dormir... vous allez dormir... dormir... dormir... vous endormir... vous vous endormez... vous dormez... vous dormez... **DORMEZ !**...

Recommencez encore à plusieurs reprises.

Naturellement, il ne faut pas croire que

l'on réussira dès la première expérience : l'élève n'est pas maître, et il faut forger pour devenir forgeron. Bien des sujets sont tout d'abord absolument rebelles au sommeil magnétique : ILS RÉSISTENT, *tout en le niant.*

Une grande préoccupation s'empare d'eux et malgré eux ; ils analysent ce qui se passe, ce qui va se passer ; ils sont dans l'attente d'un événement ; au lieu de s'abandonner, ils étudient les moindres gestes de l'opérateur, son visage, son attitude, son expression ; ils pensent à d'autres choses qui les intéressent bien autrement que le sommeil magnétique, à des événements récents ou prochains, qui les inquiètent et les maintiennent dans un état de révolte inconsciente contre l'action du fluide de l'opérateur.

D'autres, quoique ayant fermé les yeux, sont soumis aux mêmes préoccupations ; d'autres encore se dérangent, rient, bavardent, se croient dans une situation ridicule, et il est impossible de les faire tenir tranquilles. Ils déclarent formellement ne pouvoir s'endormir, et assurent que tout ce que vous faites ou que vous ferez ne les influencera en rien ; ne vous y trompez pas : c'est peut-être la dernière crise de révolte, semblable à la première des trois phases par lesquelles passe un blessé soumis à l'action du chloroforme, la phase de résistance. Si vous persévérez, le cours des idées du sujet peut changer ; il peut enfin s'abandonner, et le sommeil ne saurait tarder à venir.

Néanmoins, pour les premières fois, quand le sommeil magnétique n'a pas été obtenu dans un quart d'heure, ou, au plus, une demi-heure, il est plutôt inutile de continuer. Remettez à plus tard une nouvelle séance.

On peut encore se servir du moyen suivant :

Recommandez, ou mieux, commandez au sujet de vous regarder droit dans les yeux, et vous, regardez-le fixement entre les deux yeux, à la racine du nez. Que rien ne le distraie ; défendez-lui de parler ; ne vous occupez vous-même en rien des incidents qui peuvent se produire autour de vous ; soyez tout à votre affaire. Quand les yeux du sujet commencent à papilloter, dites-lui d'une voix nette, ferme, convaincue : Vous allez dormir... Cela sera bon pour vous... dormir... vous allez dormir... dormir... dormir... dormir... Vous allez dormir... vous dormez... dormez... dormez... dormir... dormez... vous vous endormez... vous dormez... dormez... **DORMEZ !**

Il faut insister sur les mots dormir, dormez, et les répéter plusieurs fois, pour bien faire entrer la suggestion du sommeil dans l'esprit du sujet. Le dernier mot : **Dormez !** est un commandement auquel cède infailliblement le sujet. Quelques passes magnétiques, faites alors, avec la ferme intention et le commandement mental que le sujet reste endormi, aideront à parfaire l'opération.

Plus loin, nous verrons qu'à la seule approche de l'opérateur, sans même le voir, rien qu'à la réception et à la perception de son fluide, le sujet s'endort de lui-même et à des distances plus ou moins considérables.

Le sommeil ayant été obtenu, vous demandez au sujet s'il se trouve bien, si rien ne le gêne, s'il entend. S'il répond sans se réveiller, si le calme persiste, et si, au réveil, il ne se souvient de rien de ce qu'il a dit, il y a eu réellement sommeil magnétique, et vous pourrez recommencer l'expérience avec beaucoup plus de facilité.

Mais s'il se réveille immédiatement, comme ahuri, et répond éveillé, il n'y a pas eu sommeil magnétique ; il y a eu torpeur, engourdissement, somnolence, commencement d'effet seulement. Plus tard vous réussirez mieux : c'est une preuve que vous pouvez agir sur votre sujet.

Si vous avez réussi, — et vous le pouvez absolument avec la persévérance nécessaire, — vous pouvez commencer à suggestionner le sujet.

Vous lui prenez un bras que vous allongez, et sur lequel vous faites de légères passes magnétiques en disant : ce bras me paraît singulier... n'est-il pas malade ?... il doit l'être évidemment... il a l'air tout raide... il est raide... je suis sûr que vous ne pouvez pas le ployer... votre bras est raide... raide... raide... raide... vous ne pouvez pas le ployer... c'est impossible... vous ne le pouvez pas... vous ne le pouvez plus... il est raide... raide... raide... **ESSAYEZ DE LE PLOYER ?** — Le sujet, quelque effort qu'il fasse pour ployer son bras, ne pourra pas accomplir cet acte : son bras est complètement rigide.

Même procédé pour suggérer qu'une de ses jambes est inerte.

Aussitôt endormi, lui dire : votre jambe me paraît toute ankylosée, toute raidie... bientôt vous ne pourrez plus vous en servir... il y a même longtemps que vous avez le principe de ce mal... pourquoi n'avoir pas fait soigner cette jambe... elle est déjà bien raide... elle va se déplacer tout d'une pièce... elle est toute raide... raide... raide... raide... votre jambe est raide... votre jambe est raide... raide... raide... tout à fait raide...

raide... raide... votre jambe est raide.... raide... raide... raide... **MARCHEZ !**

Et le sujet marche, comme s'il avait une jambe en bois.

Insistez sur les mots raide... raidie... raide...

On peut encore, par des suggestions appropriées, lui suggérer que ses mains sont collées ensemble, attachées, ficelées, et qu'il lui est impossible de les séparer. A cet effet, on lui ordonne de les croiser, dans l'attitude de la prière, et on les lui tient quelque temps ainsi, sans pression aucune, jusqu'à ce qu'une chaleur égale se répartisse entre elles et celles de l'opérateur. On lui suggère alors : vos mains sont collées... attachées... ficelées... voilà des mains inertes... collées... paralysées... collées... paralysées... collées... collées... collées... vous ne pouvez plus les détacher... les séparer... les détacher... elles sont bien collées... vous ne pouvez plus... n'essayez plus... vous ne pouvez plus les détacher... paralysie... collées... collées...

collées ensemble... vous ne pouvez pas les séparer... collées... **ESSAYEZ !**

Et le sujet conserve les mains jointes : il est dans la plus complète impossibilité de les séparer.

Ces curieux phénomènes se reproduisent plus tard avec la plus grande facilité chez les mêmes sujets, bien en rapport avec le même opérateur. Celui-ci peut alors leur commander certains actes à accomplir après leur réveil, dans un délai déterminé, dans une semaine, quinze jours ou un mois : nous y reviendrons plus loin avec exemples fort curieux à l'appui.

On fait encore tenir au sujet une règle, un parapluie, une canne, un balai, un plumeau, etc. Puis, tout en faisant des passes sur le bras et la main, on lui fait à haute voix. — comme pour les phénomènes cités plus haut, — les suggestions suivantes : une crampe... une crampe, cher monsieur... une crampe... votre bras se raidit et votre main se cramponne sur l'objet qu'elle tient... une crampe...

tenez-le ferme... ne le lâchez pas... tenez-le bien... tenez-le bien... il se colle à votre main... votre main se colle à lui... vous ne pouvez plus le lâcher... il est collé à votre main... il y tient bien... il y tient bien... quelle crampe !... il y tient bien... vous ne pouvez plus le lâcher... impossible... c'est impossible... vous ne pouvez plus le lâcher... impossible... il tient... il est collé... il tient... il est collé... vous ne pouvez plus ouvrir la main... c'est impossible... impossible... im-pos-sible... elle est fermée pour toujours... fermée... fermée... rien à faire... fermée... bien fermée... fermée pour toujours... fermée... paralysée... fermée... **ESSAYEZ DE L'OUVRIR !**

Le sujet essaiera d'ouvrir la main ; incapable de le faire, il agitera le bras pour se débarrasser de ce qu'on lui aura fait tenir, mais en vain.

On le suggestionnera de nouveau pour lui déclarer que l'objet en question ne tient plus à sa main et qu'il peut s'en débarrasser : vous allez ouvrir votre main... l'objet que vous tenez n'y est plus adhérent... votre main peut s'ouvrir... elle n'est plus paralysée... elle s'ouvre... elle est ouverte... l'objet va tomber... ouvrez la main... ouvrez la main... ouvrez la main... il tombera... il va tomber... tomber... tomber... **OUVREZ LA MAIN !**

Et le sujet ouvrira la main.

Pour activer efficacement l'oubli de la première sugestion (*main fermée, contractée, paralysée*), contraire à la seconde, il est bon, dans les commencements, pendant qu'on fait la suggestion contraire, de faire sur la main et le bras du sujet des *contre-passes*, des passes en sens contraire, *de bas en haut ;* elles aident beaucoup le sujet à réagir contre la première suggestion et à l'effacer complètement de son cerveau.

On peut encore lui suggérer qu'il ne peut plus ouvrir les paupières. A cet effet, on lui fait les suggestions suivantes, ou toutes autres similaires, car nous ne donnons ici que des exemples à suivre, mais non pas à répéter mot à mot :

Vos yeux vont se fermer... ils se ferment... ils se ferment... ferment... ferment... ils se ferment... ils se ferment bien... trop bien... vous ne pourrez plus les ouvrir... ils sont bien fermés... fermés... ils sont fermés... vous ne pouvez plus ouvrir vos paupières... vous ne le pouvez pas... vous ne pouvez pas... cela vous est impossible... fermées... fermées... collées... collées... essayez donc de les ouvrir... ESSAYEZ !

Le sujet ne peut ouvrir ses paupières, quelques contorsions du visage, quelques efforts qu'il fasse. Il est dans l'état d'un malade affecté d'une ophtalmie purulente ; ses paupières sont soudées l'une à l'autre.

On fait ensuite la suggestion contraire, comme ci-dessus, et par les mêmes moyens auxiliaires. Des *passes* et des *attouchements* sur les paupières et au sommet de la tête aident beaucoup dans cette suggestion, qu'il s'agisse de fermer les paupières ou de les ouvrir : les *attouchements* consistent à placer une main sur la tête, les doigts englobant le crâne, et le pouce se promenant légèrement sur les sourcils ; appuyer de temps en temps, et très légèrement sur la commissure interne des paupières, du côté du nez, en s'arrêtant un peu sur les paupières elles-mêmes, quoique très légèrement.

On peut aussi suggérer au sujet que, debout devant l'opérateur, il lui est impossible de s'asseoir sur un siège préalablement disposé derrère lui. On agit comme dans les cas exposés plus haut : **vos jambes sont raides... raides... raides... elles sont singulièrement raides... vous avez les jambes raides... vous êtes paralysé... elles sont raides...** (tout en parlant, à **voix distincte,** ferme, sans éclat, avec conviction, on fait avec les deux mains des passes sur les deux jambes, depuis les cuisses jusqu'au-dessous des genoux, jusqu'aux pieds)... **Il vous est impossible de vous** asseoir... vous ne pouvez pas vous asseoir... vous ne pouvez plus vous asseoir... Cela vous est désormais impossible... ne plus s'asseoir... vous ne pouvez plus vous asseoir... asseoir... asseoir... impossible... impossible... il vous est impossible de vous asseoir... **ESSAYEZ !**

Le sujet sera incapable de s'asseoir.

La suggestion opposée s'opérera par les moyens inverses : Vous allez vous asseoir immédiatement... quoi donc s'y oppose ?... Asseyez-vous... Asseyez-vous !

Vous suggérez ensuite au sujet, qu'il ne peut plus quitter son siège, et il y demeure paralysé.

Vous lui suggérez qu'il peut se lever, qu'il faut qu'il se lève, et il le fait immédiatement.

La plus grande patience doit être apportée par l'opérateur dans tous ses actes ; pas de nervosisme, pas d'irritation, pas de colère surtout : du calme, et la persuasion que les suggestions auront un effet dans un temps très prochain ; de la courtoisie, de l'aménité, de la politesse, sans toutefois exclure de la voix le ton d'une conviction absolue ; — et le sujet obéira. Il y faudra du temps, pour certains sujets, mais la patience est la meilleure école pour le magnétiseur ; il lui faut des qualités que nous avons énumérées plus haut ; celle-là est la meilleure.

On peut encore faire perdre la mémoire au sujet : on lui fera les suggestions suivantes ou de similaires : vous n'avez plus de mémoire... vous oubliez tout... vous avez tout oublié... tout est vague dans votre esprit... vous ne vous souvenez plus de rien... plus de mémoire... plus de mémoire... plus de souvenir... lieu de naissance... ville... village... naissance... naissance... où êtes-vous né ?... vous ne vous souvenez pas... vous avez oublié... oublié... oublié... où êtes-vous né ?... vous avez oublié... oublié... bien oublié... le nom de votre pays ?... dites... vous l'avez oublié... oublié... pas de mémoire... Dites-moi le nom de votre pays... vous ne le pouvez pas... **RÉPONDEZ !**

Le sujet balbutiera, cherchera ; il lui sera impossible de dire où il est né.

Le même système de suggestion lui fera perdre le souvenir de son nom.

On le remet en possession de lui-même par quelques passes sur le front et les yeux, tout en lui suggérant que la mémoire lui est revenue et qu'il la possède entièrement ; il doit alors pouvoir répondre aux questions qui lui seront adressées sur les mêmes sujets.

Nous avons dit plus haut, à la fin du chapitre IV, que, pour réveiller un sujet en état de sommeil magnétique, de somnambulisme ou d'hypnose, ou pouvait lui souffler sur les yeux en lui commandant de se réveiller, ou faire des passes magnétiques en sens contraire, c'est-à-dire de bas en haut, en lui ordonnant toujours de se réveiller ; il suffit parfois d'une secousse ou d'un grand bruit fait à ses côtés ; par exemple, l'opérateur frappera fortement ses mains l'une contre l'autre en disant : réveillez-vous !... réveillez-vous !... ne dormons plus, voyons !... réveillez-vous !...

c'est fait... vous vous réveillez... à la bonne heure !... comment vous trouvez-vous ?

Mais il y a des sujets plus difficiles à réveiller les uns que les autres. A certains organismes, l'hypnose produit une sorte de coma anodin qui les empêche de recouvrer la possession de leur *moi* avec promptitude. On dirait qu'ils se complaisent dans ce sommeil artificiel et qu'ils y trouvent une sorte de vague satisfaction ; ou peut-être n'ont-ils pas, dans les commencements, assez de force de réaction pour que leur individualité secoue aisément le joug imposé par une volonté étrangère. Ces cas ne sont pas rares.

Il faut alors beaucoup d'énergique patience de la part de l'opérateur. Il insistera, — sans crier, sans se démener, ne l'oublions jamais : nous ne sommes pas ici au théâtre et nous n'avons pas à imiter les pitres à grandioses succès, — pour que le sujet rentre dans son état normal et reprenne possession de lui-même. Pour venir à son aide, il prendra le même biais que nous avons indiqué dans les pages précédentes ; il dira par exemple : **il faut vous réveiller... voyons, vous n'allez pas dormir jusqu'à ce soir, jusqu'à demain... qu'éprouvez-vous ?... allons, mon ami, réveillons-nous... êtes-vous disposé ?... qu'est-ce qui vous en empêche ? dites-le-moi, et j'y mettrai bon ordre... vous m'entendez bien ?... quand vous réveillerez-vous ?... Dépêchons... je vais vous aider... tenez : je vais compter jusqu'à 10... voulez-vous vous réveiller quand je serai à 10 ?... à 10 ?... à 10 ?... à 10 ?... à 10 ?... à 10 ?... à 10 ?... je vais commencer... attention !**

Si le sujet promet de se réveiller à ce nombre, l'opérateur compte de 1 à 10, et, en prononçant ce nombre, il frappe fortement dans ses mains ou renverse bruyamment une chaise. Le sujet s'éveille généralement.

Si la résistance persiste, calmez-vous vous-même pendant un instant, avant de recommencer. Pendant cet instant de repos, faites des contre-passes (des passes de bas en haut) ; faites du bruit en marchant, frappez du pied sur le parquet, agitez une sonnette, etc. Puis, reprenant la parole avec une volonté bien arrêtée, et sur un ton qui, quoique exempt de brutalité, témoigne que vous voulez absolument ce que vous voulez, faites encore de nouveaux commandements : **maintenant, il s'agit de vous réveiller, et immédiatement... ne tardez plus... il le faut... c'est nécessaire... allons, réveillez-vous... Je vous ordonne de vous réveiller... Réveillez-vous !**

S'il ne se réveille pas encore, vous lui demandez à quel nombre de 1 à 10 ou à 20, il se réveillera. Quand il aura répondu, vous compterez de 1 au nombre indiqué, et presque toujours il reprendra possession de lui-même quand vous serez arrivé à ce nombre ; toute influence hypnotique aura disparu.

Si enfin le sujet persistait à rester dans l'état d'hypnose, il faudrait recourir au moyen suivant ou à tout autre similaire :

Faire des passes pour le replonger entièrement dans l'hypnose ; s'assurer, par une suggestion quelconque, que vous le tenez bien sous votre influence, puis lui dire : **aussitôt que vos jambes ne seront plus** raidies... aussitôt que vous pourrez quitter votre chaise... vous vous réveillerez... vous vous réveillerez... vous serez réveillé... réveillé... je vous ordonne de vous réveiller... réveiller... faites attention à ce que je vous dis... vous allez vous réveiller au commandement que je vous ferai... vos jambes ne sont plus engourdies... tout va bien... Vous êtes plus dispos que jamais... RÉVEILLEZ-VOUS !

Et le sujet se réveillera infailliblement.

Il sera même bon de lui faire cette suggestion au courant de la séance, en lui commandant de se réveiller à tel chiffre quand vous compterez de 1 à 10 ou à 20. Ce sera beaucoup plus sûr.

Maintenant, donnons au lecteur un conseil très utile :

Règle générale : ne soumettez jamais aux pratiques hypnotiques les personnes atteintes d'hystérie ou d'une maladie de cœur. Vos suggestions pourraient — le plus souvent — leur faire plus de mal que de bien, et déterminer par la suite ou immédiatement, des crises dont vous pourriez ne pas être en état de maîtriser le cours. C'est jouer avec le feu. Le magnétisme, le somnambulisme et l'hypnotisme ne doivent pas avoir d'autre but que de soulager et faire du bien. On peut s'en servir, sur les sujets bien portants, à étudier les moyens d'utiliser cette force mentale extraordinaire que la nature a mise dans l'être humain, comme elle l'a mise à un plus haut degré chez d'autres animaux, n'en doutons pas ; mais l'excès en tout est un défaut : usons, n'abusons pas. Laissons-nous parfois aller à un sentiment de curiosité, et provoquons ces étranges phénomènes quand ils sont sans aucun danger pour le sujet, pour le sujet qui veut bien s'y prêter ; mais quand nous nous trouvons en présence de malades d'une des deux catégories que nous venons de citer, laissons-les aux soins des médecins. La prudence nous en fait un devoir.

N'est-ce pas le moment d'indiquer au lecteur les moyens de se soustraire soi-même à l'influence hypnotique d'autrui ?

Evidemment.

Quand vous voyez quelqu'un, homme ou femme, vous regarder fixement soit dans les yeux, soit à la racine du nez, plantez-lui hardiment vos regards dans ses propres yeux, et maintenez cette attitude jusqu'à ce qu'il regarde ailleurs. Si c'est un malotru, c'est une leçon de savoir-vivre que vous lui donnerez. Si c'est un hypnotiseur, c'est un avis que vous en savez autant que lui et qu'il n'a rien à faire avec vous. Il cherchera fortune ailleurs. Condensez votre attention, votre résistance absolue à toute communication mentale avec autrui, et suggestionnez-vous vous-même, mentalement, contre toute influence des fluides d'alentour ; car vous aurez toujours à l'esprit qu'on ne suggestionne réellement et qu'on n'endort que celui ou celle qui veut bien se laisser suggestionner ou endormir.

Les cas que citent les journaux ne nous disent pas ce qui s'est passé précédemment entre le malfaiteur et la personne hypnotisée ; ils ne nous racontent pas leurs relations antérieures, leurs fréquentations, l'influence que le malfaiteur avait prise sur sa victime : ils ignorent complètement ces détails, ils ignorent même qu'il faut un rapport magnétique entre deux personnes pour que l'une puisse impressionner l'autre.

Nous ne parlons pas évidemment de ces natures molles, plus ou moins malléables et maladives, que la moindre impression extérieure fait tomber, pour ainsi dire, dans un état de catalepsie momentanée. Il nous est arrivé à nous-même ceci : nous trouvant au théâtre de l'Opéra avec un ami, aux fauteuils d'orchestre, nous lui dîmes : « Regarde cette dame, devant nous... Je ne puis voir que sa nuque et son chapeau monumental... nous allons voir son visage : la nuque est splendide et le visage doit être ravissant ; il doit y avoir quelque part deux beaux yeux qui ne demandent qu'à se faire contempler. Dans une demi-minute, cette dame va se retourner sur nous. » Nous concentrâmes notre volonté sur cette nuque aux chairs gélatineuses, ternes, transparentes, indiquant un être chlorotique, et au bout de quelques secondes à peine (le rideau n'était pas encore levé), elle se tourna vers nous, se leva, regarda la salle d'un air fatigué, ennuyé, et elle s'assit ensuite, rétablissant la suprême ordonnance des plumes et des fleurs de son chapeau, dérangées par son mouvement.

Le visage était beau.

CHAPITRE VI

Phénomènes généraux de la suggestion. — Suggestion à distance.

Hallucinations hypnotiques. — Suggérer la vision d'un troupeau. — Faire voir et sentir un bouquet de fleurs. — Faire voir et entendre un homme tombant dans l'eau. — Faire ressentir des piqûres d'insectes. — Changer le goût d'un fruit. — Changement d'individualité. — Changement d'écriture. — Changement de sexe. — Produire l'anesthésie complète. — Extraction d'une dent sans douleur. — Amputation d'une jambe. — Guérison d'une paralytique. — Catalepsie. — Suggestion mentale. — Suggestion post-hypnotique. — Suggestion mentale à distance. — Suggestion à 700 mètres de distance. — A sept kilomètres de distance. — A 172 jours d'intervalle. — Suggestion par la poste. — Par le télégraphe. — Par le téléphone. — Hypnotisme pendant le sommeil ordinaire. — Auto-suggestion, pour se guérir soi-même de maladies physiques et morales.

Physiologiquement parlant, l'hallucination est une erreur des sens dans laquelle un individu croit voir, entendre, toucher, sentir ou goûter des objets qui n'existent pas. C'est,

— toujours médicalement ou physiologiquement parlant, — un symptôme très fréquent, un des éléments du délire, qu'on retrouve le plus souvent dans la manie, la mélancolie, la monomanie, l'extase, l'hystérie, le délire fébrile, etc.

Mais, sans être le moins du monde malade, on peut être mis dans un état d'hallucination par l'hypnotisme. Bien mieux : il est certains cas où, sans être en état d'hypnose ou de maladie, on est néanmoins sujet à des hallucinations : le *mirage*, dans les vastes plaines de sable de l'Afrique, est une hallucination de la vue ; les *tintements d'oreille* sont une hallucination de l'ouïe : que quelqu'un approche son oreille de la vôtre, et il n'entendra aucunement le carillon que vous percevez ; croisez le médius d'une main sur l'index, et touchez, avec ces deux doigts croisés, une bille placée devant vous sur une table ; vous croirez fermement en toucher deux; c'est une hallucination du toucher, et il faudra s'aider de la vue pour s'assurer de la présence d'une seule bille.

Eh bien, il est très facile de donner des hallucinations des cinq sens pendant le sommeil hypnotique. En cet état, grâce aux effluves humains (*rayons humains, magnétisme, rayon n de Charpentier*), le cerveau du sujet est un miroir reflétant fidèlement les images déterminées par l'opérateur dans son propre cerveau ; ce qu'il voit en pensée, le sujet le voit comme un objet tangible ; ce qu'il goûte, mentalement, le sujet le goûte et l'apprécie, avec toutes les nuances, les sympathies ou les antipathies de l'opérateur ; ce qu'il sent, le sujet le sent comme lui, avec la même odeur ; si l'opérateur décrète que la rose sent l'ail, donnez une rose au sujet, et il reculera plein d'horreur — à moins qu'il ne soit du Midi, de la *Riviera*, comme dit si élégamment certain fabricant d' « *états d'âme* » qui n'a que cet mot au bout de la plume : car là, on aime l'ail.

Ainsi, quand le sujet aura été mis par vous en état d'hypnose, faites quelques passes sur les yeux, tout en vous figurant vous-même voir un paysage, une campagne, avec un troupeau de bœufs paissant dans une prairie. Suggérez au sujet qu'il voit lui-même ce spectacle : **Voyez cette belle campagne... ce beau soleil... quel beau temps, hein ?... qu'il fait bon vivre !... admirez ce beau troupeau... où donc est le pâtre ?... ah ! le voilà... là-bas, derrière un arbre... il mange son maigre déjeuner... Dites-moi ce que vous voyez ?...**

Et le sujet, suivant méthodiquement les évolutions de votre propre pensée, *verra* et *dira* tout ce que vous inventez vous-même de la fraîcheur de la campagne, du soleil radieux, des mouvements du troupeau, de l'endroit où se trouve son gardien, et des divers incidents que vous faites se produire pendant cette hallucination de la vue. Le cerveau du sujet vous appartient ; il est à vous ; il est comme s'il était dans votre tête ; vous pensez en lui ; il voit, entend, sent, goûte tout ce que vous voyez, tout ce que vous entendez, tout ce que vous goûtez. C'est curieux, c'est prodigieux, c'est inexplicable, c'est tout ce qu'on voudra ; mais c'est ainsi. Nous allons tout à l'heure mentionner quelques expériences, entre mille, de l'école de Nancy, et le lecteur pourra contrôler à la Bibliothèque nationale de France et dans toutes les bibliothèques du monde l'exactitude de nos citations.

Vous suggérez au sujet la vision d'un bateau à vapeur filant sur un lac, un fleuve, et divers voyageurs massés le long des bastingages. A un moment donné, un point de cette barrière cède sous la poussée des curieux, et un homme tombe dans l'eau : le sujet *verra* ce spectacle, et il *entendra* le bruit de la chute du passager.

Suggérez-lui qu'il assiste aux péripéties du sauvetage : mise à l'eau d'une embarcation, recherches çà et là, le naufragé apparaît, on le saisit par un bras, on le hisse, on le ramène à bord, on lui donne des soins, il vomit, il se calme, il revient à la vie, on le couche dans une cabine... — Le sujet voit tout cela, et il raconte au fur et à mesure que ces divers actes se déroulent dans votre pensée et votre verbe impérieux.

Suggérez-lui qu'il est sur le bord d'un ruisseau bordé de joncs et infesté de moustiques ; qu'un tourbillon de ces insectes l'entourent et que plusieurs le piquent au visage et aux mains : le sujet se frottera vivement les mains et le visage, montrant tous les signes de la frayeur ou de la colère, se débattant et agitant les bras pour chasser ses incommodes et turbulents assaillants.

Suggérez-lui qu'il tient une plantureuse orange dans laquelle il mord à belles dents. Il fera le geste de la manducation. Changez la suggestion : dites-lui qu'il mange un tronçon de feuille d'aloès : il fera aussitôt le geste de jeter le fruit loin de lui ; en même temps son visage se contractera, et il manifestera tous les signes d'un profond dégoût.

Suggérez au sujet qu'il est âgé de quatre-vingt-dix-neuf ans, et dites-lui de marcher : il le fera avec difficulté et affectera l'allure d'un homme parvenu à la dernière limite ordinaire de l'âge ; dans cet état, ramenez-le à l'âge vingt ans ; suggérez-lui sa présence dans un bal : immédiatement l'allure changera et deviendra celle d'un jeune homme.

Suggérez-lui qu'il est un profond politique, un remueur d'idées, un malaxeur de gouvernements, — tel Machefort. Immédiatement le sujet prendra l'allure aimable du fameux journaliste et reproduira autant qu'il le pourra sa silhouette sympathique.

Ces expériences très curieuses ont été maintes fois répétées par d'illustres magnétiseurs et sont rapportées dans tous les traités spéciaux sur ces matières ; le lecteur est au courant du mode de propagation des découvertes scientifiques, n'est-ce pas ? Pour les personnes qui pourraient l'ignorer, disons simplement que chaque pays a une société de savants appelée, en Angleterre, *Société royale de Londres* ; en Russie, en France et dans d'autres puissances, *Académie des Sciences*, et que toutes ces sociétés savantes publient hebdomadairement ou mensuellement un *Bulletin* de leurs séances. Elles échangent ce Bulletin, et le monde entier est ainsi tenu au courant des moindres inventions qui se produisent quelque part. C'est ainsi qu'un Français que nous avons eu l'honneur de voir et d'entendre nous raconter ses travaux excessivement ardus, M. Curie, a été connu par ses compatriotes ; simplement parce que ses travaux étaient suivis à l'étranger bien plus qu'en France où on l'ignorait complètement, et que le prix Nobel fut décerné à sa vaillante épouse, doctoresse ès sciences, et à lui. Nul n'est prophète en son pays. Il est évident que le vulgaire se dit : à quoi servira l'invention de ce savant ? à quoi servira le radium !... Mon Dieu, à quoi donc sert l'enfant qui vient de naître, disait Franklin ?... Et la nourrice tenant dans ses bras et allaitant Napoléon Ier, devait sans doute se dire : A quoi servira celui-ci ?... sera-t-il pâtre ou avocat ?...

Que nous sommes sots et petits devant la grande nature !... Et comme elle nous mène à son gré, par des lois que nous croyons parfois deviner, trouver même, et dont nous sommes forcés de changer l'interprétation à chaque découverte de ces obscurs savants dont nous faisons momentanément des héros, pour les oublier le lendemain !

Mais ne nous attardons pas dans ces considérations philosophiques. Ces expériences très curieuses, disions-nous plus haut, ont été maintes fois répétées par d'illustres savants et sont rapportées dans tous les traités spéciaux sur ces matières ; les docteurs Ferrari, Héricourt et Charles Richet en ont fait un grand nombre dont nous ne citerons que celle-ci, pour bien convaincre le lecteur :

« Un jeune étudiant en médecine, M. X..., est absolument ignorant de la graphologie ; il ne pourra donc contrefaire son écriture. Pour réaliser les états de suggestion chez ce jeune homme, il n'est pas besoin de provoquer le sommeil, et sa sensibilité est telle qu'il est mis dans l'état décrit sous le nom de *veille somnambulique* par le simple passage de la main au-devant des yeux, et peut-être même par une injonction formulée nettement. Dans ces conditions, on suggère successivement à M. X... qu'il est un paysan madré et retors, puis Harpagon, et enfin un homme extrêmement vieux, et on lui met la plume à la main. En même temps qu'on voit les traits de la physionomie et les allures générales du sujet se modifier et se mettre en harmonie avec l'idée du personnage suggéré, on observe que son écriture subit des modifications parallèles, non moins accentuées, et revêt également une physionomie spéciale particulière à chacun des nouveaux états de conscience. En un mot, le geste scripteur s'est transformé comme le geste général.

« Voici l'écriture d'une dame chez laquelle on obtient également avec la plus grande facilité l'état de veille somnambulique ; on lui suggère qu'elle est Napoléon, puis on la ramène à l'âge de douze ans : deux écritures bien différentes correspondent encore à ces deux états de personnalité.

« Par cela même est établi le principe de la réalité *possible* de la graphologie. Ces expériences démontrent en outre sa réalité *effective*, en ce que les variations de l'écriture, observées parallèlement aux variations de la personnalité, *reproduisent*, au moins dans leurs traits généraux, *les signes caractéristiques attribués par les graphologues aux diverses personnalités suggérées* » (1).

Et voilà comme toutes les sciences se tiennent et s'expliquent, se prouvent les unes par les autres et se prêtent un mutuel appui.

Voici maintenant comment on peut calmer une douleur.

Le sujet étant endormi, faites d'abord quelques passes du haut en bas, de la tête au-dessous du siège de la douleur, et suggérez au sujet de ne plus rien ressentir ; puis faites de nouvelles passes sur le siège de la douleur, et de cet endroit jusqu'aux pieds, en renouvelant encore votre suggestion ; suggérez-lui de ne plus sentir aucun malaise à son réveil, et la douleur n'existera plus quand le sujet reviendra à son état normal.

Pour produire l'anesthésie :

Le sujet étant profondément endormi, fai-

---

(1) *Bulletin de la Société de Psychologie physiologique* ; note lue le 22 février 1886, feuilles 1, 2, 3.

tes des passes tout le long d'un membre, et suggérez-lui que ce membre est devenu complètement paralysé, inerte, insensible ; qu'on peut le couper sans aucune douleur ; faites cette suggestion à plusieurs reprises en continuant les passes : vous pourrez ensuite traverser ce membre avec une longue aiguille sans provoquer le moindre geste de souffrance chez le sujet.

C'est en procédant de la même façon que vous pourrez extraire une ou plusieurs dents au patient, sans qu'il ait le moindre soupçon de cette opération :

Quand il est endormi, faites des passes du sommet de la tête aux genoux, pour entraîner le sang accumulé aux gencives et lui redonner son cours normal. Suggérez en même temps au sujet que **son mal de dents diminue, qu'il est presque insensible, qu'il disparaît, qu'il a disparu, que désormais, il ne doit plus rien sentir** ; pendant ces suggestions un homme de l'art enlève la dent malade. Donnez de l'eau au sujet en lui suggérant de se rincer la bouche; au bout d'une minute, faites des contre-passes et réveillez-le.

Un exemple frappant de la puissance des suggestions :

Le docteur Charcot père, médecin en chef de la Salpêtrière, est appelé un jour dans un couvent, au pied du lit d'une jeune fille paralytique, souffrant de cruelles douleurs dans plusieurs parties du corps, et qui n'avait pas quitté son lit depuis plus d'un an. Charcot, sans endormir la jeune fille, sans gestes, mais dardant sur elle ses yeux où se lisait une volonté aiguë et puissante, dit ces simples paroles : « Allons mon enfant ; levez-vous ; vous êtes guérie. »

La malade se leva aussitôt et marcha.

— Si nous vivions dans les temps anciens, docteur, dit alors une religieuse stupéfiée au médecin, on vous dresserait des autels.

— Non : on me brûlerait vif comme sorcier, répondit doucement l'illustre thaumaturge.

Voici enfin un cas d'anesthésie complète suivie d'une amputation de la jambe, chez une demoiselle Marie d'Albanel, âgée de dix-sept ans.

Elle souffrait depuis plusieurs années d'une affection arthritique du pied droit, et les progrès du mal étaient arrivés à un tel degré que l'amputation fut jugée nécessaire. On résolut de procéder par le magnétisme, et procès-verbal de l'opération fut dressé à Cherbourg, le 2 octobre 1845, par MM. Durand, hypnotiseur, Loysel et Gibbon, chirurgiens.

Au jour fixé, à onze heures du matin, Mlle d'Albanel fut endormie en moins de trois minutes par son magnétiseur, puis placée sur une table. On commença immédiatement, en sa présence, à s'occuper des préparatifs ; et lorsque M. Durand eut acquis la certitude que l'insensibilité était profonde et absolue, il déclara aux docteurs Loysel et Gibbon qu'ils pouvaient, en toute sécurité, commencer l'opération.

Alors, au milieu d'un silence solennel, et pendant que tous les assistants jetaient un coup d'œil attentif et scrutateur sur le visage paisible de la malade, le docteur Loysel fit une large incision circulaire avec le couteau qui, en pénétrant profondément dans les chairs et jusqu'à l'os, laisse à découvert la plus grande partie du tibia et du péroné. Le sang coulait en abondance. Les deux lambeaux furent incisés et détachés, le périoste coupé, les os disséqués et sciés ; la ligature des artères, le nettoiement et la réunion de la plaie, l'application des bandelettes et de la charpie, tout cela fut fait sans que la malade ait donné le plus léger signe de douleur.

Le visage ne cessa pas d'être calme et impassible.

Ses mains demeurèrent entièrement libres, et elle causa plusieurs fois en souriant avec son magnétiseur, même dans les instants ordinairement les plus douloureux de l'opération, laquelle, y compris le pansement, dura plus d'une demi-heure. L'insensibilité fut complète et le pouls ne subit aucun changement notable, tant pour la force que pour la fréquence.

Aussitôt après, la jeune fille fut transportée

dans son lit, et on la laissa tranquille un moment.

Au bout d'un quart d'heure elle fut réveillée. Elle ouvrit tout à coup les yeux, sourit aux personnes qui l'entouraient, et demeura ainsi pendant plus de dix minutes, sans s'apercevoir de ce qui avait eu lieu et n'éprouvant aucune souffrance. Puis enfin elle dit, sans manifester une trop forte émotion : — « Ah ! je vois que c'est fini!... quel bonheur!... merci, messieurs ! »

La malade fut paisible le reste de la journée et dormit tranquillement une partie de la nuit. Il en fut de même les jours suivants.

Le 13 octobre, c'est-à-dire onze jours après l'opération, elle quitta sa chambre et fit un tour de promenade dans le jardin, où elle demeura ensuite assise pendant plus de deux heures. Elle fut promptement rétablie.

Parlons maintenant de la catalepsie.

La catalepsie, c'est-à-dire l'abolition de la sensibilité et de la volonté, accompagnée d'une rigidité tétanique générale ou partielle du système musculaire, s'obtient principalement au moyen d'un objet brillant tenu devant les yeux à une distance variant entre 0,20 et 0,40 centimètres de distance, à peu près au niveau du haut du front. On observe d'abord que les pupilles se contractent pour se dilater ensuite considérablement ; si l'index et le médius de la main droite, étendus et un peu séparés, sont portés de l'objet brillant vers les yeux, les paupières se fermeront bientôt avec un léger battement. Dix ou quinze secondes après, si on soulève un bras ou une jambe du sujet, ces membres restent dans la position où on les a mis ; s'ils retombaient peu à peu, on suggérerait au sujet, à haute voix, sans éclat, sans brusquerie, sans emportement, de les maintenir dans la position donnée ; il obéira.

Le pouls s'accélère considérablement, et tout le corps acquiert une rigidité considérable ; on peut, dans cet état, le transporter sur deux chaises, la tête et les épaules portant sur l'une, les pieds sur l'autre, et charger le ventre de poids énormes sans qu'on remarque la moindre flexion au milieu du corps.

Nous avons déjà vu, au courant de ce volume, l'usage des **suggestions parlées** ; parlons maintenant de la **suggestion mentale**, de cette influence que la pensée de l'hypnotiseur exerce, dans un sens déterminé, sur la pensée de l'hypnotisé, sans que celle de l'hypnotiseur soit accompagnée par la parole, par un geste, par quelque signe extérieur que ce soit.

L'opérateur se place devant le sujet, et il l'endort par les procédés et les commandements ordinaires. L'hypnose étant produite, il prononce **MENTALEMENT** : **levez la main... je vous ordonne de lever la main droite... la main droite... levez la main droite... la main droite... la main droite... la main droite... la main droite... levez la main droite...**

Si le sujet est rebelle, si son cerveau ne perçoit pas encore les effluves du vôtre, recommencez les passes et dites à haute voix :

je vous ai fait un commandement tout à l'heure... vous ne l'avez pas exécuté... Il faut l'exécuter... je vais encore vous le faire... et vous obéirez immédiatement... im-mé-di-a-te-ment, entendez-vous ?... faites bien attention...

Et aussitôt vous répétez l'ordre *mental* : levez la main droite... la main droite... levez la main droite... la main droite...

Le sujet *obéira*.

Vous ferez les mêmes commandements pour la main gauche, pour les deux jambes successivement, pour tourner la tête à gauche et à droite, pour se lever, pour marcher, pour prendre une chaise et s'y asseoir.

Puis vous vous éloignerez peu à peu du sujet, et vous recommencerez ces mêmes suggestions.

Vous passerez ensuite dans une pièce voisine, d'où vous pourrez voir le sujet, et vous recommencerez les mêmes expériences.

Vous fermerez la porte de communication des deux pièces, en laissant quelqu'un avec le sujet pour contrôler ses actes, et vous lui ferez successivement les mêmes suggestions. Quand vous serez bien en rapport avec votre sujet, et que vous vous serez tous les deux entraînés par les mêmes exercices souvent répétés, vous pourrez passer à d'autres beaucoup plus compliqués et consistant en une série d'actes consécutifs, comme : **asseyez-vous à cette table ; prenez la plume, et écrivez à votre ami X*** que vous irez le voir demain...** — **Rappelez-vous tout ce que vous avez fait hier, et écrivez-le moi...**

Il est à remarquer, nous l'avons déjà dit, qu'en cet état le sujet jouit d'une mémoire prodigieuse, mais que, réveillé du sommeil hypnotique, il ne se souvient aucunement de ce qu'il a fait ou dit dans cet état.

Vous pouvez commander *verbalement* ou *mentalement* au sujet d'accomplir un acte quelconque à son réveil, immédiatement ou dans un délai que vous lui indiquerez.

C'est ce qu'on appelle la SUGGESTION POST-HYPNOTIQUE.

Voici, comme exemple très simple, une expérience faite par le Dr Beaunis (1) : le sujet est un jeune homme, très bon somnambule, très facilement hypnotisable, bien portant, un peu timide. Il accompagnait chez le regretté docteur Liébault sa cousine, très bonne somnambule aussi, et qui est traitée par l'hypnotiseur pour des accidents nerveux.

« M. Liébault endort le sujet, et lui dit pendant son sommeil : A votre réveil, vous exécuterez l'acte qui vous sera ordonné *mentalement* par les personnes présentes ».

— J'écris alors au crayon, sur un papier, ces mots : *Embrasser sa cousine...* Ces mots écrits, je montre le papier au Dr Liébault et aux quelques personnes présentes, en leur recommandant de les lire des yeux seulement et sans prononcer, même des lèvres, une seule des paroles qui s'y trouvent ; et j'ajoute : à son réveil, vous penserez fortement à l'acte qu'il doit exécuter, sans rien dire et sans

---

(1) Dr Beaunis, *Bulletin de la Société de Psychologie physiologique*, 1885, tome 1, page 39.

faire aucun signe qui puisse le mettre sur la voie.

« On réveille alors le sujet, et nous attendons tous le résultat de l'expérience.

« Peu après son réveil, nous le voyons rire et se cacher la figure dans les mains ; ce manège continue quelque temps sans autre résultat. Je lui demande alors :

— « Qu'avez-vous ?

— « Rien.

— « A quoi pensez-vous ?

« Pas de réponse.

— « Vous savez, lui dis-je, que vous devez faire quelque chose à quoi nous pensons. Si vous ne voulez pas le faire, dites-nous au moins a quoi vous pensez...

— « Non.

« Alors je lui dis :

— « Si vous ne voulez pas le dire tout haut, dites-le-moi bas à l'oreille.

« Et je m'approchai de lui.

— « A embrasser ma cousine, me répondit-il.

« Une fois le premier pas fait, le reste de la suggestion s'accomplit de bonne grâce. »

En répétant les actes de suggestion mentale successivement à des distances de plus en plus grandes, comme nous l'avons expliqué ci-dessus au paragraphe concernant la pratique de la suggestion mentale, on acquerra sur son sujet une influence assez considérable pour lui faire des suggestions, ou tout au moins pour l'endormir de loin, de fort loin même. On pourra préparer la première expérience de la manière suivante : le sujet étant déjà habitué à la suggestion mentale ordinaire, faites-lui pendant le sommeil les suggestions suivantes, à haute voix ou mentalement : **Demain, à telle heure, je vous endormirai de chez moi... je vous demanderai de vous endormir... n'y manquez pas... vous regarderez l'heure quand vous sentirez venir le sommeil... vous la noterez soigneusement...**

Répétez ensuite mentalement, et plusieurs fois les mêmes suggestions.

Le lendemain à l'heure dite, et sans sortir de chez vous, commandez-lui plusieurs fois mentalement de s'endormir, puis rendez-vous chez lui. Il dormira. Réveillez-le ; feignez l'étonnement de l'avoir trouvé dans cet état ; demandez-lui depuis combien de temps il dort, et il vous répondra que le sommeil a commencé à se faire sentir à telle heure.

Si l'expérience ne réussissait pas tout d'abord, il faudrait recommencer une ou plusieurs fois, sans se lasser, jusqu'à ce que le sujet ait obéi.

Voici, à ce sujet, des expériences concluantes du docteur Dusart (1) : il s'agit d'une jeune fille âgée de quatorze ans, à laquelle il fut appelé à donner des soins pour une complication de maladies assez graves : paralysie de la vue et de l'odorat, perversion du sens du goût, abolition du mouvement et de la sensibilité dans le bras droit, dans les

---

(1) *Tribune Médicale*, 15 et 30 mai 1875.

deux jambes, œsophagisme, rachialgie, tendance au suicide... Pour faire cesser la résistance de la jeune fille à l'alimentation, — n'oublions pas qu'elle avait la monomanie du suicide, — le docteur résolut d'employer le sommeil magnétique, et il réussit à commander mentalement les heures du sommeil et du réveil.

Il arriva un jour avant l'heure fixée pour le réveil, et, sans regarder la malade, sans faire un geste, il lui donna mentalement l'ordre de se réveiller. Il est aussitôt obéi. A sa volonté, le délire et les cris commencent. Il s'assied alors devant le feu, le dos au lit de la malade, laquelle avait la face tournée vers la porte de la chambre, et il cause avec les personnes présentes, sans paraître s'occuper des cris de Mlle J*** ; puis, à un moment donné, « sans que personne, dit-il, se fût aperçu de ce qui se passait en moi, je donne l'ordre mental du sommeil, et celui-ci se produit. Plus de cent fois l'expérience fut faite et variée de diverses façons ; l'ordre mental était donné sur un signe que me faisait le docteur X*** , et toujours l'effet se produisait.

« Je donnais chaque jour avant de partir, l'ordre de dormir jusqu'au lendemain à une heure déterminée. Un jour je pars, en oubliant cette précaution. J'étais à 700 mètres quand je m'en aperçus ; ne pouvant retourner sur mes pas, je me dis que peut-être mon ordre serait entendu malgré la distance, puisque, à un ou deux mètres, un ordre mental était exécuté. En conséquence, je formule l'ordre de dormir jusqu'au lendemain huit heures, et je poursuis mon chemin.

Le lendemain, j'arrive à sept heures et demie ; la malade dormait.

— Comment se fait-il que vous dormiez encore ? dis-je.

— Mais, monsieur, je vous obéis.

— Vous vous trompez ; je suis parti hier sans vous donner aucun ordre.

— C'est vrai; mais cinq minutes après, je vous ai parfaitement entendu me dire de dormir jusqu'à huit heures. Or, il n'est pas encore huit heures .

« Cette dernière étant celle que je donne habituellement, il était possible que l'habitude fût la cause d'une illusion, et qu'il n'y eût ici qu'une simple coïncidence. Pour en avoir le cœur net et ne laisser prise à aucun doute, je commandais à la malade de s'endormir jusqu'à ce qu'elle reçût l'ordre de se réveiller.

« Dans la journée, je résolus de compléter l'expérience. Je pars de chez moi (*sept kilomètres* de distance) en donnant l'ordre du réveil. Je constate qu'il est deux heures. J'arrive, et je trouve la malade éveillée. Les parents, sur ma recommandation, avaient noté l'heure exacte du réveil : c'était rigoureusement celle à laquelle j'avais donné l'ordre. Cette expérience, plusieurs fois renouvelée et à des heures différentes, eut toujours le même résultat. »

Mais non seulement on peut suggérer à distance, mais on suggère des actes, réels ou fictifs, qui devront se produire à des dates déterminées. On suggère au sujet de sortir, dans cinq ou six jours, et d'aller dans tel endroit, d'y faire telle chose. Et il obéit infailliblement.

On lui suggère qu'il verra quelqu'un tel jour, à telle date, à telle heure, et le fait a lieu. Le sujet, à ce moment dans un état d'hypnose sans doute, par le fait même de la suggestion hypnotique intérieure, *croit voir ce qu'on lui a ordonné de voir*, alors qu'il était dans ce même état. En voici un très curieux exemple, donné par le docteur Beaunis (1) :

« Le 14 juillet 1884, l'après-midi, après avoir mis Mlle A. E... en état de sommeil hypnotique, je lui fais la suggestion suivante (je transcris la note prise sur mon cahier d'observations) : — le premier janvier 1885, à 10 heures du matin, vous me verrez ; je viendrai vous souhaiter la bonne année ; puis, après l'avoir souhaitée, je disparaîtrai. »

---

(1) Dr Beaunis, *Bulletin de la Société de Psychologie physiologique*, 1885, tome 1, page 20.

Le 1ᵉʳ janvier 1885, j'étais à Paris (Mlle A...
E... habite Nancy) ; je n'avais parlé à personne de cette suggestion. Voici ce que, le jour même, cette demoiselle raconta à une de ses amies, — et ce qu'elle me dit plus tard, ainsi qu'au docteur Liébault et à d'autres personnes : le 1ᵉʳ janvier, à 10 heures du matin, elle se trouvait dans sa chambre, quand elle entendit frapper à sa porte. Après avoir dit « ouvrez ! » elle me vit entrer, à sa grande surprise, et lui souhaiter de vive voix la bonne année. Je repartis presque aussitôt, et, quoiqu'elle se mît tout de suite à la fenêtre pour me voir sortir, elle ne m'aperçut pas. Elle remarqua aussi, ce qui ne laissa pas de l'étonner pour cette époque de l'année, que j'avais un habillement d'été (c'était celui-là même que je portais le jour où je lui avais fait la suggestion).

On eut beau lui faire observer que j'étais à Paris à cette date et que je ne pouvais être allé chez elle le 1ᵉʳ janvier, elle persista à soutenir qu'elle m'avait vu et parlé ; et aujourd'hui, malgré mes affirmations, elle est convaincue que je me suis présenté chez elle.

Ainsi, après cent soixante-douze jours d'intervalle, la suggestion que j'avais faite s'est réalisée dans ses plus petits détails.

Si votre sujet est bien en rapport avec vous, il ne vous est pas difficile de l'endormir par une missive envoyée par la poste. A cet effet, vous écrivez : au reçu de cette lettre, et après l'avoir lue bien attentivement, vous vous endormirez et vous vous réveillerez une heure après. Faites des passes sur cette lettre pour la charger de votre fluide, et expédiez-la. Aidez encore à son influence en suggérant à distance à votre sujet de s'endormir aussitôt après avoir lu votre lettre.

Le même effet peut être obtenu par une dépêche télégraphique. Cette dépêche peut contenir les mêmes termes ou d'autres similaires.

Pour faire des suggestions par le *téléphone*, il faut prendre quelques précautions préliminaires. Vous direz d'abord au sujet que votre communication sera fort longue, et qu'il lui est nécessaire de s'asseoir. Puis vous lui suggérez qu'il va dormir cinq minutes, et vous faites ce commandement comme si le sujet était devant vous, ainsi que cela a déjà été expliqué : **vous allez dormir... votre tête est lourde... vous vous assoupissez... dormez... dormez... vous allez dormir... vous dormez... vous vous réveillerez dans cinq minutes... vous me téléphonerez aussitôt réveillé...**

Si le résultat est négatif, le sujet répondra qu'il ne dort pas ; s'il est réellement endormi, il le téléphone cinq minutes après.

Pour *hypnotiser* pendant le *sommeil ordinaire* on s'approche du sujet couché, et on lui fait les passes hypnotiques comme s'il était éveillé. Les faire plus longues et plus réitérées, à cause de l'état particulier dans lequel il se trouve, et qui le soustrait partiellement à votre influence. Faites-lui ensuite des suggestions, *à voix basse, lentement* :

dormez... dormez... dormez... dormez... m'entendez-vous ?...

Quand le sujet répond qu'il est endormi, faites-lui les suggestions que vous voudrez, mettez-le en état d'hallucination, etc.

Pour le remettre en l'état de sommeil ordinaire, faites les *contre-passes habituelles*.

On peut enfin s'endormir soi-même, par l'effort de la volonté. C'est l'*auto-suggestion*.

On concentre toute son énergie à obtenir soi-même le sommeil hypnotique, ce que font les Indiens depuis des siècles. En cet état, le sujet, s'il est atteint d'une maladie physique ou morale, voit tout ce qui se passe en lui, il se consulte et connaît le traitement approprié à son mal. Mais le résultat immédiat de l'auto-suggestion est de faire cesser toute douleur, car l'état hypnotique amène l'analgésie, l'anesthésie, c'est-à-dire l'insensibilité. Le malade jouit donc d'un repos absolu pendant l'auto-suggestion. A cet effet, après avoir concentré toute son attention et toute sa volonté sur soi-même, il répète mentalement : je veux dormir... je veux dormir... je veux dormir... je dors... je dors... je dors... je dors... je vais dormir... je dors... je dors...

Il répète cette auto-suggestion jusqu'à ce qu'enfin le sommeil et l'insensibilité le gagnent. Il a eu auparavant la précaution de se suggérer de mettre par écrit ce qu'il aura vu en lui et le traitement approprié, car, au réveil, tout serait oublié.

CHAPITRE VII

Effets prodigieux du magnétisme personnel.

Se faire aimer. — Amours faciles, etc., etc., etc. — Testaments avantageux. — Se faire prêter de l'argent. — Faire signer des reconnaissances, des reçus, des chèques. — Faire rendre des témoignages favorables. — Puissance sur les arbitres et les juges. — Posséder les meilleurs emplois. — Dans la politique, être maire, député, sénateur, orateur éloquent, académicien. — Etre toujours heureux en duel. — Gain au jeu. — Faire restituer des objets volés. — Provoquer le retour d'enfants au foyer paternel. — Soulagement et guérison des maladies. — Rendre vertueux les vicieux. — Corriger à tout jamais les défauts des enfants. — Développer la mémoire. — Etre bien vu par tout le monde, être reçu partout, adulé, invité. — Dominer ses semblables. — Réussir dans toutes ses entreprises ; être excellent vendeur, même dans des circonstances où d'autres n'ont pu obtenir une simple audience.

Si le lecteur s'est bien pénétré de tout ce que nous avons dit dans ce livre, et s'il suit bien les préceptes que nous lui avons successivement exposés, s'il a acquis peu à peu l'influence dont nous nous sommes efforcé de lui donner le secret, il est actuellement tout-puissant sur autrui : il est une domination ; il fait ce qu'il veut, et le fait lentement mais sûrement. Résumons-nous, et groupons ici tous les effets produits par le magnétisme personnel, par ce fluide que tout le monde possède, et que la plupart laissent dormir en eux sans même essayer d'en tirer parti.

On se fait aimer.

La politesse, l'aménité, l'heureuse expression du regard, le fluide magnétique des yeux, leur puissance extrême développée au moment opportun, la force de leurs effluves, l'action hypnotique qu'ils exercent forcément sur la personne visée, font une impression à laquelle le sujet peut être rebelle dans les commencements, mais qui agit fatalement, irrésistiblement et infailliblement à la longue. L'être désiré est pris dans le filet hypnotique dans lequel il se sent de plus en plus enlacé, sans en soupçonner l'existence, et l'amour — ou ce que l'on prend pour de l'amour, et qui n'est qu'une suggestion d'autant plus intense qu'elle a commencé depuis plus longtemps, se fait enfin sentir. Le sujet est soumis à votre volonté, et vous n'avez plus qu'à vous déclarer pour le voir se soumettre à vos désirs et à vos vœux. Les journaux relatent quotidiennement ces sortes d'influences extraordinaires d'un être sur un autre, sans en deviner la cause.

C'est ainsi que bien des gens, connaissant les secrets que nous dévoilons ici, les emploient pour posséder enfin, par une influence coupable, la personne qu'ils désirent ardemment.

D'autres, dirigeant leur habileté vers un but plus ou moins avouable, s'en servent pour capter un héritage auprès d'un être faible et tout entier soumis à leur volonté : on l'a bien vu dans le fameux procès de l'*Envoûtée de Marly*, dont les débats se déroulèrent au commencement de l'année 1904. Eh bien, s'il s'était trouvé auprès de cette malheureuse une personne amie possédant elle-même la puissance hypnotique de la criminelle, elle eût combattu les effets de son influence et eût rendu vains tous ses efforts. L'amour du bien eût vaincu l'amour du lucre.

D'autres, suggestionnant un parent ou un ami, de près d'abord et puis de loin, qu'il vive auprès d'eux ou dans une ville éloignée, obtiennent de lui des prêts d'argent considérables.

D'autres, par les mêmes pratiques hypnotiques, de près ou de loin, sur des arbitres, des conseillers, des juges, les prédisposent en leur faveur, en les obligeant à se prononcer dans le sens de leurs désirs et de leur ambition, dans la solution d'un partage, d'un litige ou d'un procès. Car remarquons que ce sont précisément ces arbitres et ces juges, qui se croient généralement infaillibles, qui sont plus sujets que d'autres à subir l'influence occulte d'une personne possédant à fond tous les secrets du pouvoir personnel hypnotique.

C'est encore ainsi que d'autres se font signer des reçus, des reconnaissances, donner des chèques, des décharges de sommes dues encore; l'hypnotisme ayant ceci de particulier que tout ce qui s'est passé en cet état est oublié au réveil, le sujet voyant sa signature, ne peut croire qu'il ne l'ait donnée en toute connaissance de cause, à moins de se proclamer lui-même atteint de démence. C'est alors, — et c'est le cas pour tous les actes répréhensifs dont nous parlons, qu'il y a lieu de soumettre le sujet volé à l'influence hypnotique, pour lui faire raconter nettement tous les détails de l'affaire : en effet, si tout est oublié au réveil, de ce qui a eu lieu pendant la crise hypnotique, si l'on replonge le sujet dans le même état, il se souvient des moindres détails de ce qui s'est passé pendant la précédente hypnose, et il le raconte avec la plus minutieuse fidélité.

C'est ce qui eut lieu après la sortie du bagne de Gabrielle Bompard, et ce que tous les journaux rapportèrent : un savant hypnotiseur lui fit répéter la scène de l'assassinat de l'huissier Gouffé, d'où il résulta que cette fille avait agi sous l'influence de son complice Eyraud. C'était avant sa condamnation, et non après son châtiment, qu'on eût dû avoir recours à l'hypnose pour débrouiller cette ténébreuse affaire.

D'autres, — et combien ! — s'en sont servi pour suggérer à un ennemi, à un ami riche, à un époux gênant, à un amant, de se rendre à telle heure, tel jour, dans un endroit isolé, et là l'ont fait assassiner ou dépouiller. La justice ouvre une enquête — (c'est le terme consacré : on les ouvre toujours ces enquêtes; rarement elles sont fermées) — et le crime demeure impuni.

D'autres encore font exactement ce que nous avons cité du docteur Beaunis, de Nancy, qui suggéra à une dame, le 14 juillet, qu'il viendrait la voir le 1er janvier suivant. Elle le vit en effet, en imagination, et tout ce qu'on put lui dire pour la désabuser, tout ce que put lui dire son hypnotiseur lui-même, qui était à Paris ce même 1er janvier, ne put lui faire changer d'opinion. Certaines gens se sont créé ainsi un alibi auprès de plusieurs hypnotisés, et tous déclaraient avoir vu l'accusé au jour et à l'heure où se commettait le délit ou le crime, à dix ou quinze kilomètres de l'endroit où il était perpétré. L'acquittement s'imposait.

Nous donnons tous ces exemples pour montrer combien les plus excellentes choses deviennent parfois des instruments de crime entre les mains de malhonnêtes gens : c'est précisément pour avertir le lecteur de se mettre en garde contre de pareils méfaits que nous les avons cités.

D'autres emploient simplement leur influence hypnotique à leurs propres intérêts. *Prima sibi caritas*, disent-ils ; leur puissance occulte, jointe à une persistance infatigable, leur procure les meilleurs emplois, les places les plus enviées, car *un quart d'heure de protection vaut mieux que vingt ans de bons services*. Ceux-là ont raison. La lutte pour la vie justifie tous les moyens, quand ils sont honnêtes ; l'un des meilleurs consiste à se faire bien voir de ses chefs, à les flatter jusque dans leurs défauts et leurs vices. Dans la vie, l' « *ôte-toi de là, que je m'y mette* » est

d'une pratique courante ; on vit pour soi ;
c'est donc soi qu'il faut soigner tout d'abord :
les autres passent après ; l'égoïsme est parfois
une excellente chose ; *après moi le déluge !*
disait quelqu'un qui n'était pas un sot ; c'est
à chacun à tirer son épingle du jeu : et le
talent hypnotique est un singulier atout dans
le jeu de la vie, n'en doutez pas. Rien ne
coûte d'essayer.

Et voilà comment certains individus, sans
valeur aucune, simplement par l'influence
hypnotique de leur éloquence, de leur geste,
de leur bagout, se font nommer successivement conseillers municipaux, maires, conseillers généraux, députés et finalement sénateurs. Pas d'instruction, pas le sou, ni envie
de travailler ni envie de bien faire : du bagout seulement, de l'aplomb, un magnétisme
conscient ou inconscient, et tout leur réussit.
Ils marchaient dans des espadrilles quand ils
ont commencé leur carrière de pîtres politiques, et ils portent aujourd'hui des fourrures
de prix ; leurs pieds, accoutumés à la
chaussure de lisière, sont gênés par la bot-

tine : ils vont en voiture. Ces gens-là sont prêts pour toutes les compromissions, bien entendu ; et lorsque, gavés de pots-de-vin et autres produits d'eau trouble, ils songent à la retraite, — retraite presque toujours obligée, — ce n'est pas sans avoir encore demandé à l'influence hypnotique de nombreuses perceptions et des bureaux de tabac pour eux, leurs parents et leurs amis. C'est la lutte pour la vie, nous le répétons ; et quand on possède tous les secrets de l'hypnotisme, *tout vient à point à qui sait attendre.*

D'autres, plus terre à terre, quand ils soupçonnent, dans leur entourage, quelqu'un de les avoir volés, usent sur chaque personne de leur influence hypnotique, pour les inciter à restituer l'objet détourné ; combien de juges d'instruction qui se servent de cette magique influence pour faire avouer un coupable !

Combien de fois d'autres personnes ont fait rentrer sous le toit paternel l'enfant prodigue, la fille détournée de ses devoirs par un amant !... Car si l'influence hypnotique à distance est un fait indéniablement acquis, avec combien plus d'efficacité n'agit-elle pas sur les êtres qui vous doivent la vie, qui ont avec vous les liens de la chair et de l'âme !...

Combien n'ont-ils pas soulagé et guéri une foule d'infirmités et de maladies ! Que de miracles opérés sous cette bienheureuse influence par des personnages vénérés du monde entier, et qui n'avaient d'autre moyen curatif que la puissance hypnotique ! Que d'aveugles rendus clairvoyants, que de boiteux redressés, que de paralytiques rendus ingambes, et qui attribuent leur cure à toute autre cause ! N'est-ce pas là ce qui rend si célèbre et si vénérable ce pope russe, Jean, à qui l'on attribue, aujourd'hui même, le don des miracles ?...

N'est-ce pas à cette bienheureuse influence occulte, exercée en n'ayant en vue que le bonheur du prochain par un parent, un ami, un inconnu, que l'on doit le retour au bien de tant de jeunes gens, de tant de filles perdues qui font ensuite d'honorables mères de famille, ou qui, à l'étonnement général, entrent en religion, après une vie entière passée sur les planches ou dans les lupanars, — ce qui est absolument la même chose ?...

Mais d'autres, ayant, au cours d'une longue amitié ou d'une fréquentation suivie, acquis une influence marquée sur une personne, se servent de leur puissance hypnotique pour, dans un suprême effort de volonté, influencer encore sur le terrain l'ami devenu un ennemi à la suite de quelque incident banal. Soyez certain que cet homme sortira vainqueur de ce duel, quoiqu'il ne connaisse que peu le maniement des armes, dans lequel son adversaire est passé maître : le hasard ! disent les spectateurs. Point. Le hasard n'est jamais favorable qu'à ceux qui l'aident. Et la puissance magnétique personnelle est le plus fort des adjuvants.

De même au jeu ; l'influence magnétique est énorme en face d'un adversaire ; on l'embarrasse, on le suggestionne fortement, on agit sur lui, on lui fait perdre la mémoire, il ne sait plus où il en est ; il perd infailliblement, et il déclare qu'aujourd'hui il n'est pas en train, qu'il n'a pas de chance, etc.

Que d'autres, absolument ignares, n'ont qu'à se présenter chez un éditeur pour voir immédiatement accueillir une œuvre inepte, où le sempiternel adultère est présenté sous toutes ses faces, où l'on fabrique des « états d'âme » aussi idiots qu'impossibles, où toutes les lois du bon sens et de la grammaire sont outrageusement violées, œuvres pornographiques s'il en fut jamais !... Ces gens-là, par leur bagout, leur tenue ultra-correcte, leur suffisance fate, leur impertinente assurance, leur puissance magnétique occulte, se font bien venir, charment l'éditeur, et se font publier. Ils continuent chez lui ou ailleurs, ils accumulent insanités sur obscénités, fréquentent les milieux littéraires, jettent de la poudre aux yeux de ceux qu'ils fréquentent, — en même temps que leur fluide, — et un beau jour ils sont, à la stupéfaction générale de ceux qui connaissent leur ânerie, leur ignorance crasse et leur sottise, élus membres de l'Académie française !... Rien ne résiste au pouvoir du fluide humain, et nous pourrions citer une quinzaine d'individualités, sur les quarante de l'illustre Académie, qui doivent à autre chose qu'au savoir, certes, le fauteuil qu'ils occupent (1).

Evidemment, c'était bien là la place du grand ~~pornographe~~ Zola ; voyant comment on élisait les autres, il avait adopté cette phrase typique : « *Il y a une Académie Française : donc, je dois en être !* ». Il se mit sur les rangs onze fois, et n'en fut jamais. Hélas ! il ne possédait pas l'usage du fluide...

Comme on l'a déjà vu, l'éducation des enfants, le redressement de leurs défauts, leur direction vers le bien, vers l'étude, l'amour du travail, l'obéissance à leurs parents et à leurs maîtres ; leur éloignement du mensonge, de la dissipation, de la paresse, du vagabondage et de tous les vices généralement inhérents à la jeunesse, trouvent un

---

(1) L'*Almanach Hachette* de 1894, page 229, cite un académicien, QUI N'A JAMAIS RIEN PUBLIÉ : le duc d'AUDIFFRET-PASQUIER. Son duché lui tenait lieu de talent, sans doute.

puissant auxiliaire dans les suggestions post-hypnotiques.

C'est à ces pratiques surtout que devront assidument s'attacher les personnes soucieuses de l'avenir de leurs enfants. Les professeurs, surtout, devront étudier soigneusement les préceptes et les nombreux exemples que nous avons donné dans ce livre ; leur tâche en deviendra plus aisée et plus agréable; les élèves leur obéiront automatiquement, pour ainsi dire, et avec le plus grand plaisir; il n'y aura point de ces luttes perpétuelles et attristantes que l'on voit si souvent entre un enfant rebelle et son maître ; l'étude deviendra un besoin pour le petit indocile, et le calme obtenu dans sa petite tête, l'équilibre établi dans son jeune être, seront de sûrs garants de ses succès futurs dans la vie.

Grâce au pouvoir du fluide humain, on peut puissamment développer certaines facultés sur les sujets : la mémoire, l'aptitude aux opérations des mathématiques, etc.

En un mot, l'homme pratiquant bien les

préceptes de l'hypnotisme de près ou à distance, exercera infailliblement une grande influence sur ses semblables ; il sera bien vu partout, bien vu de tout le monde ; il produira, à première vue, le meilleur effet dans les sociétés où il se présentera pour la première fois ; on dira de lui : « c'est quelqu'un ». Quand il ouvrira la bouche pour exprimer son sentiment, son opinion ou son avis, on l'écoutera silencieusement et sympathiquement ; on sera disposé à l'avance à penser selon ce qu'il aura dit. Cet homme, qu'il soit orateur, voyageur de commerce, simple commensal ou passant vulgaire, cet homme trouvera rarement des contradicteurs, et il réussira où les autres échoueront. Rappelez-vous ce que nous avons déjà dit dans les premières pages de ce livre au sujet de deux commis-voyageurs, l'un exerçant journellement l'émission de son fluide magnétique, et l'autre n'en faisant aucun usage ; eh bien, le premier fera des affaires où l'autre n'aura pas réussi à obtenir même une simple audience de commerçant. C'est là le secret de ces fortunes inouïes, de ces *chances* extraordinaires qui déconcertent, qui éblouissent ceux qui les connaissent et savent en même temps le peu de fond qu'il faut faire des qualités réelles de l'individu. Elles n'ont pourtant rien de stupéfiant, cher lecteur, ces fortunes et ces chances ; et dès aujourd'hui si vous voulez vous mettre courageusement à l'œuvre, grâce au livre que vous achevez de lire présentement, vous serez vous-même cet homme avec tous ses succès, son prestige, l'influence heureuse et la chance qui marquent tous ses pas dans la vie.

Table des Matières

AVANT-PROPOS 5

PREMIÈRE PARTIE

ETUDES ET CONNAISSANCES PRÉLIMINAIRES. — THÉORIE DU FLUIDE HUMAIN ET DE SES EFFETS.

CHAPITRE PREMIER

La plus grande découverte du Siècle.

La plus grande découverte du siècle: *Les rayons N...* — Les savants docteurs Luys, David, Baraduc, Adam, G. Le Bon, A. Charpentier, de la Faculté de Médecine de Nancy. — L'homme est une source perpétuelle de radiations impressionnant autour de lui tout ce qui vit, tout ce qui existe. Action de ces effluves humains, même sur les objets inertes.................... 15

CHAPITRE II

Effets généraux de l'Hypnotisme.

Le fluide humain. — Jets d'électricité humaine. — Hypnotiseurs anciens célèbres. — Cures merveilleuses opérées par ces bienfaiteurs de l'humanité : Cécité, surdité, hydropisie, pleurésie, fièvres, sciatique, tumeurs, cancers, écrouelles. — L'homme possédant la faculté hypnotique bien développée est partout le bienvenu. — Son charme, ses succès, son influence, sa domination sur tous. — Fascination. — *Napoléon*. — Aperçu sur l'ancien magnétisme. — Mesmer. — Précieux avantages des pratiques hypnotiques. — Sommeil hypnotique. — Procédés les plus simples pour hypnotiser. — Type du bon hypnotiseur........ 31

CHAPITRE III

Guérison des maladies physiques et morales par l'hypnotisme.

Principaux procédés usuels pour utiliser l'hypnotisme dans la guérison des maladies physiques et morales. — Obstructions. — Maux d'estomac. — Résolution des glandes. — Migraines. — Transport du sang à la tête. — Maux de tête. — Maux d'yeux. — Insomnie. — Mélancolie. — Rhumatismes. — Douleurs articulaires. — Circulation du sang embarrassée. — Chutes. — Mauvaises digestions. — Foulures. — *Pour faire disparaître les mauvaises habitudes* : Abus du tabac. — Excès des boissons alcooliques, ivrognerie. — Morphinomanie. — Jeu. — *Utilité de l'hypnotisme pour corriger le jeune âge* : Désobéissance. — Mensonge. — Amour immodéré du jeu. — Inattention. — Rébellion. — Paresse................................ 69

CHAPITRE IV

Effets de la suggestion hypnotique.

Somnambulisme magnétique, *première phase de l'hypnotisme.* — *Deuxième phase* : l'hypnotisme réel. — Hypnotisme et suggestion. — Phénomènes spéciaux de la suggestion hypnotique : transformation du sujet. — A volonté, il change d'âge, de personnalité, de profession, de métier. — Il est potentat, laboureur, musicien, diplomate. — Causes réelles de l'hypnotisme. — La pensée de l'hypnotiseur se substitue à celle du sujet. — Comment réveiller le sujet hypnotisé........ 81

DEUXIÈME PARTIE

PROCÉDÉS INFAILLIBLES POUR OBTENIR TOUS LES PHÉNOMÈNES DU MAGNÉTISME, DU SOMNAMBULISME ET DE LA SUGGESTION HYPNOTIQUE, ET POUR DOMINER SES SEMBLABLES.

CHAPITRE V

Principes du pouvoir personnel.

Conditions essentielles pour acquérir l'influence sur autrui. — Procédé général préliminaire. — Comment produire le sommeil hypnotique. — Autre moyen. — Commencement des suggestions. — Actes suggérés d'abord : Bras raidi. — Jambes raidies. — Mains collées ensemble. — Objets dont la main ne peut se détacher quand elle les a saisis. — Paupières soudées. — Impossibilité de s'asseoir. — Se lever. — Perte de la mémoire. — Réveil du sujet. — Comment on doit agir avec les sujets malades. — Comment se préserver de l'influence hypnotique d'autrui.................. 95

CHAPITRE VI

Phénomènes généraux de la suggestion. — Suggestion à distance.

Hallucinations hypnotiques. — Suggérer la vision d'un troupeau. — Faire voir et sentir un bouquet de fleurs. — Faire voir et entendre un homme tombant dans l'eau. — Faire ressentir des piqûres d'insectes. — Changer le goût d'un fruit. — Changement d'individualité. — Changement d'écriture. — Changement de sexe. — Produire l'anesthésie complète. — Extraction d'une dent sans douleur. — Amputation d'une jambe. —

Guérison d'une paralytique. — Catalepsie. — Suggestion mentale. — Suggestion post-hypnotique. — Suggestion mentale à distance. — Suggestion à 700 mètres de distance. — A sept kilomètres de distance. — A six mois d'intervalle. — Suggestion par la poste. — Par le télégraphe. — Par le téléphone. — Hypnotisme pendant le sommeil ordinaire. — Auto-suggestion pour se guérir soi-même de toutes les maladies physiques et morales.................................... 121

CHAPITRE VII

Effets prodigieux du magnétisme personnel.

Se faire aimer. — Amours faciles, etc. — Testaments avantageux. — Se faire prêter de l'argent. — Faire signer des reconnaissances, des reçus, des chèques. — Faire rendre des témoignages favorables. — Puissance sur les arbitres et les juges. — Posséder les meilleurs emplois. — Dans la politique, être maire, député, sénateur. — Etre orateur éloquent, académicien, etc. — Etre toujours heureux en duel. — Faire restituer des objets volés. — Provoquer le retour d'enfants au foyer paternel. — Soulagement et guérison des maladies. — Développer la mémoire. — Rendre vertueux les vicieux. — Corriger à tout jamais les défaut des enfants. — Etre bien vu par tout le monde, être reçu partout, adulé, invité. — Dominer ses semblables. — Réussir dans toutes ses entreprises : même être bon vendeur, dans des circonstances où d'autres n'auront même pas obtenu une audience................ 155

TABLE DES MATIÈRES........................ 171

APPENDICE

RÉDIGÉ PAR

AUCAIGNE & TRANQUILLI

DE

L'UNION PSYCHIQUE

PARIS
—
1909

Tous droits réservés.

PRÉFACE

Maintenant que vous avez étudié l'œuvre admirable de notre sympathique et éminent confrère le Dr de Roche ; maintenant que vous possédez une idée générale de cette science que l'on pourrait appeler le secret du bonheur, nous allons nous permettre d'ajouter à ce livre quelques notions pratiques dictées par une longue expérience du Magnétisme et de l'Hypnotisme. En effet, il ne suffit pas de connaître une science pour en tirer les résultats qu'on est en droit d'en attendre, il faut encore savoir la mettre en pratique.

Voulez-vous changer votre situation ? Voulez-vous monter quelques degrés de l'échelle sociale ? Voulez-vous voir vos enfants dans une position supérieure à la vôtre ? En un mot, voulez-vous connaître cet idéal nommé bonheur, dont on parle tant, mais que l'on connaît si peu ? Nous ne croyons pas être téméraires en vous assurant que vous y arriverez si vous avez *la volonté ferme* de vous inspirer de nos avis et de les mettre en pratique.

Etudiez donc, avec la plus grande attention, les moyens que nous allons prescrire ; si parfois cela vous paraît ennuyeux ou gênant, songez que vous en obtiendrez une douce récompense.

Le bonheur vaut bien un peu de peine.

Comme un enfant se confie à sa mère, sans calcul, sans arrière-pensées, confiez-vous dans l'espérance d'une complète réussite et tous vos désirs seront satisfaits : nous souhaitons que cet heureux pronostic soit celui de tous nos chers lecteurs.

AUCAIGNE-TRANQUILLI.

CHAPITRE I

Magnétisme universel. — Vibration des atomes. — Transmission de la force magnétique.

Pour bien comprendre les chapitres suivants, il est indispensable que nous traitions d'abord une petite question de physique. Surtout que ce mot ne vous effraie pas : Notre but est d'être utile à tous, par conséquent nous ne dirons que des choses *très simples, mises à la portée de tous.*

Si nous vous demandons de quoi sont composés les corps renfermés dans l'univers y compris le corps humain, bien entendu, vous n'hésitez pas à répondre que tous sont formés par la matière. Mais cette matière elle-même, de quoi est-elle composée ? D'un nombre extraordinaire de corps infiniment petits, invisibles à nos yeux, que l'on appelle atomes. Ces atomes agglomérés ensemble forment une molécule.

Il est à considérer que les molécules composant un corps ne sont pas intimement unies, et que, séparées par une distance relative, elles sont toujours en mouvement.

En outre, il existe dans tout l'univers, aussi bien dans les espaces interplanétaires que dans les espaces compris entre les molécules, un fluide impondérable qu'on appelle éther (air raréfié), et qui n'est autre chose qu'un assemblage d'atomes non réunis en molécules.

Les mouvements dont les molécules sont incessamment agitées sont la conséquence de nos impressions sur la matière. Autrement dit, nous ne percevons la matière que par les mouvements des molécules lesquels sont appelés vibrations.

D'après ce qui précède il est facile de comprendre les variétés infinies de vibrations qu'il existe autour de nous. Depuis le contact de la chaleur et du froid jusqu'aux battements qu'imprime à notre cœur la vue d'un être tendrement aimé, tout est vibrations en nous et autour de nous. Nous ressentons telle ou telle impression selon que les vibrations des corps environnants sont plus ou moins rapides que celles de notre corps.

La cause de ces vibrations, des mouvements des molécules est ce qu'on appelle la force.

Ce serait une grande erreur de croire que la matière par elle-même peut être cause du mouvement ; étant inerte, elle est incapable de produire la force ; elle la subit, elle est sous sa domination.

Nous avons vu que tous les corps sont composés d'atomes semblables entre eux, ce qui revient à dire que tous sont formés de la même matière ; mais il est bon d'observer aussi que toutes les forces des vibrations ne diffèrent entre elles que par le nombre des vibrations, leur vitesse et leur étendue.

Transportons-nous maintenant à la campagne, au bord d'un petit étang, que vous ne pouvez pas manquer de posséder dans vos souvenirs. Je suis bien sûr qu'il vous est arrivé maintes fois de vous reposer au bord de ses eaux, de vous asseoir là sous quelque ombrage pour éviter la caresse trop rude du soleil. Alors, vous vous mettez à contempler ce je ne sais quoi de mystérieux qu'inspire le *calme*, la tranquillité d'une nappe liquide. Puis, tout à coup, pris d'un besoin d'agiter les eaux comme pour pénétrer leur mystère, vous avez lancé un caillou !...

— Vous n'avez pas manqué alors de suivre les progrès que font les cercles formés par le ricochet. Excessivement petits autour du point de départ, vous les voyez peu à peu s'élargir jusqu'aux bords de l'étang.

S'il se trouve sur ces ondes un corps flottant, morceau de paille, brin d'herbe, feuille sèche, il sera agité par la succession des ondes, mais ne sera pas entraîné. Le même fait se produit dans tous les corps solides : la force qui agit avec eux fait vibrer leurs molécules sur place.

Dans les corps liquides, où les molécules

ne sont plus invariablement retenues ensemble, elles roulent les unes à côté des autres comme une infinité de petites boules.

Dans les gaz et les vapeurs, les molécules étant moins nombreuses sous l'unité de volume, elles sont beaucoup plus libres. Quand une force agit sur elles, elles se trouvent infailliblement entraînées, mais seulement à une faible distance, car elles se heurtent à d'autres molécules et rebondissent des milliers de fois par seconde.

Enfin, dans l'état radiant, que l'on pourrait comparer à l'éther dans l'espace, les obstacles sont insignifiants, en conséquence les molécules sont entraînées par la force à laquelle elles sont soumises.

Maintenant vous vous demandez, j'en suis sûr, quel rapport peut exister entre le magnétisme et tout ce que je viens de vous dire ! Eh bien ! je vous répondrai que le magnétisme ne fait pas exception à la règle : il est soumis aux mêmes lois que les autres forces. Si vous faites bien attention à ce que nous allons vous dire, vous trouverez indispensable l'étude de notre premier chapitre.

Les atomes composant les molécules de votre corps subissent des vibrations spéciales plus ou moins rapides et qui varient suivant votre pensée à telle ou telle chose, parce qu'elles sont heurtées par les molécules de votre cerveau.

Si vous posez vos mains sur un individu, sans le toucher, mais en vous tenant à trois ou quatre centimètres de lui, les atomes qui sont à la surface de votre peau subissent les mêmes mouvements que vos molécules, par conséquent vous transmettez ces mouvements aux molécules de votre sujet.

Tous ces atomes se heurtent les uns aux autres et donnent le même nombre de vibrations, ce qui fait que votre sujet pense tout ce que vous pensez.

Par conséquent, plus forte sera votre pensée et plus vous influencerez votre sujet.

Vous le comprendrez d'ailleurs vous-même dans la suite.

CHAPITRE II

Rayons N du corps humain. — Polarité. — Fluide magnétique.

L'homme, cette créature de chair périssable et assujettie aux tristes lois du temps, est cependant le chef-d'œuvre par excellence de la Création.

Nous ne nous occuperons pas de sa structure anatomique, car en vous indiquant le fonctionnement de tel muscle ou de tel organe, nous vous ferions connaître le cadavre humain, la matière inerte ; tel n'est pas notre but. Nous voulons faire comprendre la vie, et par conséquent nous ne vous entretiendrons que de ses phénomènes.

Qu'est-ce donc que la vie ?

Au point de vue psychique, c'est la matière

et la force. Rappelons-nous à ce propos que la matière de notre corps est composée d'atomes dont l'agglomération forme les molécules. Ces atomes sont incapables de se détruire, quand bien même la matière serait transformée.

Ironie cruelle ! tandis que notre corps meurt, — ce corps qui a compris ou essayé de comprendre ce qu'il est, qui a sondé les grandes lois de la nature, — les atomes, ces êtres infiniments petits, ces inconscients vivent encore, vivent toujours !...

Le corps humain possède sa force non seulement en lui-même, mais autour de lui : cette force lui vient des courants organiques constituant la partie vivante de ses rayons, et, avec cette force, des molécules matérielles émanent de notre corps.

Redisons encore une fois que l'éther pénètre tous les corps et qu'il est entraîné par les courants de force ; pensons aussi que notre corps est formé d'environ trois quarts d'eau ; que l'eau émet des vapeurs à toute température et sous toutes les pressions. Combien de fois n'avez-vous pas entendu parler aussi de la respiration de la peau ?

D'après toutes ces lois naturelles énumérées ci-dessus, il est facile de comprendre qu'autour de nous existe une atmosphère matérielle gazeuse et radiante, émanée de notre propre corps, tangible et constituant un vrai flux des rayons N.

Le corps humain est le siège de phénomènes se réduisant tous à une seule question d'équilibre, c'est-à-dire au jeu des forces d'action et de réaction, par conséquent il est facile de comprendre qu'il est polarisé.

Mais qu'est-ce qu'un corps polarisé ? C'est celui dans lequel les forces et par conséquent les molécules matérielles qui obéissent à ces forces, sont orientées en un sens déterminé.

Dans la polarisation des forces par réflexion, il y a quelquefois modification des amplitudes et de la rapidité des vibrations, mais il y a toujours modification du plan dans lequel s'exécutent les vibrations caractéristiques de ces forces. Quoique la polarisation d'un corps, sous l'influence des forces agissant sur le milieu spécial qui constitue le corps, diffère quelque peu de la polarisation d'une force réfléchie à la surface d'un corps, il est à considérer que ce sont deux phénomènes du même ordre. Pour bien comprendre ce qu'est la polarité, nous n'avons qu'à faire une petite expérience bien simple.

Versons de l'eau sur un plan incliné ; cette eau donnera naissance à un courant que nous pouvons supposer être un courant électrique. Le point d'où l'eau s'écoule peut être comparé au pôle positif de la pile d'où part le courant électrique. Le pôle positif est celui où la pression de l'électricité est plus considérable ; et, inversement, le pôle négatif est celui où cette pression est moins forte.

Le pôle positif du corps humain est celui où l'on constate la plus forte pression.

Cette pression, plus ou moins forte, n'est pas toujours facile à apprécier, mais la science possède d'autres caractères par lesquels on peut constater la polarité. Par exemple, dans les courants électriques et les aimants, on peut constater la polarité par la position que prend l'aiguille de la boussole ; dans le magnétisme physiologique, par les contractions ou les résolutions musculaires que ses courants provoquent.

Un sujet sensitif est celui qui a le système nerveux développé d'une manière excessive.

Voyons un peu les propriétés d'un fluide magnétique dans ses deux polarités.

Le fluide magnétique n'est pas un corps solide, c'est la matière à l'état radiant ou éthérée considérée dans les mouvements de translation qu'accomplissent ses molécules sous l'influence des courants de force.

Les courants de fluide magnétique sont plus ou moins développés selon les individus ; mais on peut augmenter leurs proportions considérablement par des exercices répétés que nous vous indiquerons. Avant d'aller plus loin, il nous est indispensable de connaître la distribution de la polarité du corps humain que nous pouvons considérer comme une véritable machine électrique composée de trois aimants, l'un ayant ses pôles aux deux mains et sa ligne neutre au cou qui est placé perpendiculairement au périnée; le deuxième qui a ses deux pôles au front et sa ligne neutre au périnée ; le troisième, dans le même sens que le premier, ayant la ligne neutre au périnée. Résumons-nous : à la partie antérieure du corps humain, le côté droit, pour celui qui regarde, est positif et le gauche négatif. Dans la partie postérieure, inversement, le côté droit est négatif tandis que le côté gauche est positif.

La physique nous apprend que les pôles de même nom se repoussent et les pôles de nom contraire s'attirent, loi qui se retrouve maintes fois dans la nature humaine et que l'on appelle « l'attrait des contrastes ».

Pourquoi cet homme à la taille d'Hercule est-il attiré vers cette femme petite et chétive qu'il pourrait écraser presque sans effort ?

Pourquoi cette personne si gracieuse, si charmante repousse-t-elle les hommes qui incarnent en eux la beauté physique, tandis qu'elle éprouve l'amour le plus violent pour un être disgracié de la nature ? Mirabeau, que l'histoire dépeint comme un vrai type de laideur physique, n'a-t-il pas été recherché par une femme si belle qu'elle avait été surnommée par ses admirateurs « Fleur de Beauté » ?

Tout cela : attrait des contrastes ! au fond, mystère !

Mais revenons à l'attraction des pôles. D'après la physique dont nous avons parlé, si vous présentez la main droite devant la poitrine, ou le front d'un sujet, il est repoussé car vous mettez en présence deux pôles positifs, et si vous lui placez la main droite entre les omoplates et la nuque il est attiré, parce que vous mettez en présence deux pôles de nom contraire.

Vous avez saisi : nous croyons inutile d'insister davantage sur cette question.

Vous comprenez également que si l'on remplace la main par le pied, par une pile ou par une machine électrique, les résultats obtenus seront les mêmes.

CHAPITRE III

Les Passes. — Passes à distance. — Le Souffle.

Savoir hypnotiser, c'est-à-dire savoir endormir une créature pour lui imposer sa volonté, l'obliger à agir de telle ou telle manière; pouvoir la guérir de ses maladies, de ses vices, de ses mauvaises habitudes, n'est-ce pas l'apogée de la science ?

N'oublions pas que la science travaille uniquement pour le bien de l'homme, pour son bonheur !...

N'oublions pas qu'elle est toute bonté, qu'elle a soif de terrasser les infortunes humaines, qu'elle aime les hommes et souffre pour eux !...

N'employons donc l'hypnotisme que dans le cas où il peut être utile à celui que nous hypnotiserons ; répandons notre savoir pour semer un peu de bien autour de nous, et notre réussite est assurée d'avance.

Nous ne parlerons pas de la façon d'hypnotiser, elle vous a été indiquée de la manière la plus précise dans le courant de ce livre ; cependant, nous croyons devoir insister sur les passes.

Les passes consistent en une action exercée le plus lentement possible par la main, avec les doigts écartés et légèrement courbés, à cinq centimètres au moins de la surface de la peau. Chacun sait qu'il est inutile de dévêtir le malade chez lequel on veut provoquer le sommeil hypnotique.

Les passes faites dans le but d'endormir se nomment passes longitudinales et doivent être effectuées en longueur ; les passes transversales, que l'on doit faire très vivement de gauche à droite, servent à réveiller le malade, ce que l'on appelle encore « dégager » en terme de magnétisme.

Les passes longitudinales doivent s'effectuer toujours dans le même sens : de la tête aux pieds ou de la tête à la ceinture. Lorsqu'on est arrivé au bout de la passe, il est indispensable de fermer la main, remonter ensuite jusqu'au point de départ, mais ceci à une certaine distance du sujet. Une passe de la tête aux pieds doit durer environ de 30 à 50 secondes.

L'hypnotiseur a besoin d'agir lentement pour que son fluide pénètre dans l'organisme du sujet et en polarise les mouvements d'une manière assez énergique pour les entraîner.

Les passes à grands courants sont celles qui s'effectuent sur toute la longuer d'un membre ou d'un corps, mais généralement on divise les passes en trois parties afin d'éviter la fatigue au sujet : 1° de la tête au creux de l'estomac ; 2° du creux de l'estomac aux genoux ; 3° des genoux aux pieds.

L'action doit être faite aussi uniformément que possible, c'est-à-dire que les trois passes doivent avoir la même durée.

Les passes rotatoires s'effectuent les doigts en pointe, en tournant autour du point à traiter ; leur action est à peu près la même que celles des précédentes.

Enfin, il y a des passes à distance qui peuvent se faire à 50 centimètres, un mètre et même plus, suivant la sensibilité du sujet ; toutes les passes à distance sont à grands courants (c'est-à-dire de la tête aux pieds, sans arrêt).

On obtient quelquefois de bons effets en visant avec un objet brillant, une lumière ou même simplement avec le doigt. Nous avons vu obtenir ainsi des résultats merveilleux par un de nos collègues qui opérait à l'hôtel des Sociétés savantes : le sommeil avait été obtenu presque instantanément.

Le souffle a aussi une action très puissante, probablement parce qu'à l'action de l'effluve se joint l'action du courant d'air et l'émission d'une plus grande quantité de molécules matérielles.

En soufflant doucement et longuement, comme lorsqu'on souffle dans ses doigts pour les réchauffer, on produit sur le sujet des effets énergiques de condensation, c'est-à-dire le souffle chaud qui endort. Le souffle froid se produit au contraire en soufflant vivement comme pour éteindre une flamme, il dégage très puissamment. On ne doit jamais manquer de l'employer, après que le malade est endormi, afin d'éviter la congestion. Avant d'opérer sur un sujet, il importe d'être bien sûr de pouvoir le réveiller.

Un autre procédé magnétique produisant également de bons résultats est le regard ; les yeux émettent des effluves dont la puissance est augmentée par les cils, lesquels peuvent être considérés comme des pointes, c'est-à-dire des conducteurs par lesquels s'échappe facilement la force à l'état statique.

CHAPITRE IV

Magétisme personnel. — Source de l'influence du dompteur sur les fauves. — Regard magnétique. — Exercice du miroir.

L'homme qui désire devenir bon magnétiseur ne devra faire d'abus d'aucune sorte. Il devra être sobre, boire peu d'alcool et fumer peu. La nourriture qui lui sera la plus avantageuse sera celle qui contient du phosphore, comme, par exemple : le poisson, les aliments gras, les pommes ; ces substances dégageant beaucoup d'effluves magnétiques. Il faut autant que possible éviter les viandes dont la digestion est difficile, ainsi que les féculents.

Le paragraphe précédent ne s'adresse, bien entendu, qu'aux personnes n'ayant aucun régime particulier à suivre : sur ce point il faut avant tout écouter les prescriptions de votre docteur.

A chaque instant de la journée, l'homme a besoin du magnétisme personnel, non seulement pour acquérir de l'autorité sur les autres, mais encore pour se préserver de leur influence magnétique. Tout homme la recèle en lui, plus ou moins ; il s'agit qu'il sache en faire usage et aussi qu'il la développe.

Le dompteur qui tient en respect les fauves les plus terribles est un bel exemple des résultats merveilleux que l'homme peut obtenir par son magnétisme personnel. Observez-le bien, au milieu de ses animaux : en les regardant d'une manière spéciale, il les terrasse avec son fluide visuel.

Il est vrai de dire qu'en débutant il s'est servi du fouet pour les mater ; mais, peu à peu, il a exercé sur eux une influence qui s'est augmentée insensiblement de jour en jour, et cette autorité a pris une telle extension qu'il peut se passer du fouet.

Par le seul pouvoir de son regard il éteint leurs fureurs, il les dirige comme bon lui semble, et s'il est vraiment intelligent et bon, ce qui ne va guère l'un sans l'autre, il s'en fait des amis.

Mais il cultive encore ce regard magnétique, car la nature qui reprend toujours ses droits, éveille parfois des colères terribles chez les animaux féroces : alors, malheur au dompteur s'il faiblit, si, pour une cause ou pour l'autre, son fluide magnétique l'abandonne, ne fût-ce qu'un seul instant ; il est perdu à tout jamais.

Voilà donc le grand secret du magnétisme personnel : *acquérir le regard magnétique et savoir le conserver.*

Nous avons remarqué dans toutes nos expériences que le nombre des personnes qui le possèdent est fort limité.

Nous ne saurions trop recommander à nos lecteurs de suivre nos avis, afin d'acquérir ce regard qui sera pour eux la clef du succès.

Dans ce but, nos les prions de faire chaque jour, pendant cinq minutes, l'exercice suivant, et nous répondons de leur réussite ; mais il est bon d'ajouter qu'ils n'acquerront des résultats qu'après un certain laps de temps. Pour arriver, il faut de la bonne volonté et de la persévérance car on n'obtient rien sans peine, et l'on n'est récompensé que lorsqu'on a travaillé.

Pour obtenir le regard magnétique, placez-vous dans une chambre silencieuse, tout à fait seul, bien entendu. Prenez un miroir dépourvu d'ornements autant que possible, afin que votre regard n'ait aucune distraction, même involontaire.

Après vous être marqué un point noir à la racine du nez à l'aide d'une matière quelconque, placez-vous bien en face du miroir et regardez fixement le point que vous avez marqué. Evitez, en faisant cet exercice, de cligner les yeux : si cela vous fatigue (ce qui est à peu près inévitable au début) cessez au bout de quatre ou cinq minutes environ.

Puis augmentez chaque jour insensiblement cette petite séance devant le miroir; elle ne peut manquer de produire en vous de très heureux effets.

Il ne s'agit pas seulement d'acquérir le

regard magnétique, il faut encore savoir l'appliquer. Donc, lorsque vous voudrez influencer quelqu'un, soit pour qu'il vous accorde ses faveurs, soit pour qu'il agisse selon vos aspirations, soit pour tout autre motif, *regardez-le bien fixement* (1) à la racine du nez, absolument, comme nous vous l'avons indiqué dans l'exercice précédent.

Afin de ne pas subir son magnétisme, évitez de le fixer lorsqu'il vous parlera ; en ce moment, portez votre regard sur un autre point quelconque, de cette manière il ne peut avoir aucune influence sur vous. En agissant ainsi vous pourrez avoir une grande autorité sur les autres, vous rendre sympathique et par conséquent obtenir la réalisation de vos désirs.

---

(1) NOTA. — Dans le cas présent, le mot *fixement* est employé pour signifier que les yeux doivent regarder le même point, mais il est entendu que l'on devra regarder naturellement et sans aucun effort.

CHAPITRE V

Transmission de la pensée et du fluide magnétique.

Pour bien transmettre votre pensée aux autres, il est indispensable que votre cerveau vibre fortement et qu'il donne aux atomes et par conséquent aux molécules de votre corps un mouvement assez fort pour arriver à le transmettre à votre sujet.

Il est inutile de vous dire que tous les hommes pensent, mais il le font pour leur compte personnel et non dans le but de transmettre leurs pensées aux autres. Bien au contraire, la plupart des gens cherchent à cacher leur pensée parce qu'ils ont de sérieux motifs pour cela...

Pour pouvoir acquérir la *forte pensée*, il

est indispensable de s'exercer, et de faire faire une certaine *gymnastique psychique* au cerveau : tous peuvent arriver ainsi à un très bon résultat dans un laps de temps plus ou moins long.

Si vous avez une affaire à entreprendre : soit pour vous attirer la sympathie d'une personne, soit pour obtenir des succès en société ; pour réussir dans une affaire commerciale, ventes et achats de valeurs, marchandises, etc. ; pour obtenir un emploi ; pour gagner de l'avancement et être bien vu de vos supérieurs, il sera indispensable de suivre ce conseil :

Deux ou trois jours avant d'entreprendre l'affaire dans laquelle vous désirez particulièrement réussir, renfermez-vous dans votre chambre, et asseyez-vous commodément à une table sur laquelle ne doit être aucun objet qui puisse vous distraire, mais simplement une feuille de *papier blanc* et *un crayon*.

Avant tout, vous devez oublier complètement toute idée qui serait étrangère à celle de votre démarche. Vous devez ensuite écrire, avec le *crayon*, en caractères très grands, vos désirs les plus impérieux. Par exemple : *Je veux que Monsieur... soit complètement en ma possession. Je veux qu'il fasse cette démarche, afin que j'obtienne tel emploi ou tel résultat. — Je veux qu'il ne m'oublie pas.*

En résumé, vous devez écrire des phrases *très claires, très précises*, sans aucun mot superflu et avec conviction de réussir. Il n'est pas assez d'avoir l'espérance d'un bon résultat, il faut être certain.

Vous devez lire ensuite plusieurs fois ce que vous avez écrit, jusqu'au moment où vous êtes bien convaincu que vous allez réussir ; sinon, prenez une autre feuille, en ayant soin de cacher la première ; écrivez des phrases différentes, mais avec une plus forte pensée.

Ensuite, cherchez à graver dans votre cerveau les choses que vous désirez obtenir, en répétant plusieurs fois cet exercice, même dans le cas où cela ne vous paraîtrait pas nécessaire ; votre volonté sera plus forte le jour de votre entreprise.

Vous devez vous figurer, ensuite, être en présence de votre interlocuteur, et de vive voix tenir avec lui la conversation relative à votre démarche, en cherchant à répondre à toutes les objections qu'il peut vous faire ; et cela, jusqu'à ce que vous soyez sûr d'être maître de la situation, et par là d'avoir obtenu une complète réussite.

L'*Union Psychique* sera reconnaissante envers toute personne qui la tiendra au courant de ses premières expériences et des résultats obtenus par elle en suivant les renseignements de ce Livre. La publication de ces bons résultats sera un excitant pour les timorés, les superstitieux et les sceptiques.

Table des Matières

de

l'Appendice

PRÉFACE .... Page 177

CHAPITRE I

Magnétisme Universel. — Vibrations des Atomes. — Transmission de la force magnétique.... Page 179

CHAPITRE II

Rayons N du corps humain. — Polarité. — Fluide Magnétique .... Page 185

CHAPITRE III

Les Passes. — Passes à distance. — Le Souffle.
.... Page 193

CHAPITRE IV

Magnétisme personnel. — Source de l'influence du dompteur sur les fauves. — Regard Magnétique : Exercice du Miroir.................. Page 199

CHAPITRE V

Transmission de la pensée. — Transmission du fluide Magnétique....................... Page 205

OUVRAGES EN VENTE

à l'UNION PSYCHIQUE

50, Rue du Temple, PARIS (IVᵉ)

Beaunis (A.). Le Somnambulisme provoqué. Etudes physiologiques et psychologiques. 2ᵉ édition, 1 vol. in-16 de 292 pages, avec figures. (Bon ouvrage de l'un des maîtres de l'école hypnotique de Nancy.)
   3 fr. 50

— Les Sensations internes. 1 vol. in-8 cartonné à l'anglaise.   6 fr.

Berne (Dʳ G.). Le massage. Manuel théorique et pratique, avec figures. 2ᵉ édition.   8 fr.
   Excellent ouvrage, indispensable à tous ceux qui veulent pratiquer le massage médical.

Bernheim (H.), professeur à la Faculté de médecine de Nancy. De la suggestion et de ses applications à la thérapeutique, 1 vol. in-18 de 609 pages av. fig. dans le texte. Broché.   6 fr.

— Hypnotisme, suggestion, psychothérapie. Etudes nouvelles, 1 vol. in-8 de 520 pages, 1891.   9 fr.

Binet (A.), directeur du laboratoire de psychologie physiol. de la Sorbonne. La Psychologie du raisonnement, expériences par l'hypnotisme, in-8.   2 fr. 50

— La suggestibilité. 1 vol. in-8 avec 32 fig. et 2 planch. hors texte. Cartonné, plaque spéciale.   12 fr.

Binet (A.) et **Féré**. Le Magnétisme animal, 1 vol. in-8 avec figures dans le texte, 4ᵉ édition.   6 fr.
   Ouvrage qui relate diverses expériences faites à la Salpêtrière, aux cours du professeur Charcot.

Bodisco (Constantin-Alexandrowitch de). Traité de lumière. Recherches psychiques, preuves matérielles de la vie future, spiritisme expérimental au point de vue scientifique (Préface de Papus). Vol. in-8 avec gravures. 5 fr.

Compte rendu extrêmement curieux d'expériences et de phénomènes spirites, entièrement inédits et dont la nouveauté a excité au plus haut degré l'attention des spécialistes.

Cahagnet (Alphonse). Arcanes de la vie future dévoilés. 1847 à 1851, 2ᵉ tirage, 3 vol. in-8. 15 fr.

Büchner (Louis). L'homme selon la science, son passé, son présent, son avenir, ou D'où venons-nous ? Qui sommes-nous ? Où allons-nous ? Exposé très simple suivi d'un grand nombre d'éclaircissements et remarques scientifiques. Trad. de l'allemand par le Dʳ Ch. Létourneaux. Edition revue et augmentée. 1 vol. in-8 orné de nombreuses grav. sur bois.

— Force et matière, ou principes de l'ordre naturel de l'univers mis à la portée de tous avec une théorie de la morale basée sur ces principes. Traduit de l'allemand par A. Regnard. Avec biographie de l'auteur et une préface du traducteur. 1 vol. in-8 avec portrait de l'auteur. 7 fr.

Crépieux (Jules). Cours de magnétisme humain, historique, théorique et pratique, *très recommandé*, 1 vol. in-12. 3 fr.

L'auteur s'est étendu principalement sur les phénomènes du somnambulisme, de l'hypnotisme, etc. Tout prouve dans ce livre que l'auteur est de l'école des grands magnétiseurs.

Crocq (Dʳ). L'hypnotisme scientifique. Introduction de M. le Prof. Pitres, doyen de la Faculté de médecine de Bordeaux. 1 vol. grand in-8 de XVIII-610 pages avec 51 figures, 2ᵉ édition. Broché. 15 fr.

David. Magnétisme animal. Suggestion hypnotique et post-hypnotique. 2 fr. 50

On y trouve plusieurs expériences très curieuses et assez importantes. Bon à lire et à consulter.

Gilles de la Tourette (D'). L'Hypnotisme et les états analogues au point de vue médico-légal, les états hypnotiques et les états analogues. Les suggestions criminelles, cabinets de somnambules et sociétés de magnétisme et de spiritisme. L'hypnotisme devant la loi, par le docteur Gilles de la Tourette, ancien interne des hôpitaux de Paris et de la Salpêtrière, préparateur du cours de médecine légale à la Faculté. Préface de M. le D' Brouardel, professeur de médecine légale à la Faculté de Paris. 2° édition. Un volume in-8. 7 fr. 50

Ouvrage couronné par l'Institut et la Faculté de médecine.

Lafontaine (Ch.). L'art de magnétiser, ou le magnétisme animal considéré sous les points de vue théorique, pratique et thérapeutique, 1 vol. in-8 avec figures, 6° édition. 5 fr.
— Mémoires d'un magnétiseur. 2 vol. 7 fr.

Lafontaine fut un des plus grands magnétiseurs du siècle. Ses ouvrages, qui sont fort bien écrits, devraient être dans toutes les mains. *L'art de magnétiser* est l'un des meilleurs traités que l'on puisse conseiller à l'étudiant magnétiseur.

Monin (D' E.). Les Remèdes qui guérissent, 1 vol. in-16 de 368 pages. 4 fr.

Ce livre est l'exposé le plus complet et le plus pratique des grands médications. Il permet aux malades, ainsi qu'aux candidats à la maladie, de se rendre compte des ressources curatives les plus fidèles que la science met à la disposition de leurs espoirs.

Moutin (D'). Diagnostic de la suggestibilité. 4 fr.

Ouvrage fort bien compris d'un médecin magnétiseur. Après un aperçu historique du magnétisme, l'auteur expose sa théorie et indique les moyens de reconnaître de suite ceux qui sont susceptibles d'être endormis par le Magnétisme.

Norstrom. Traité théorique et pratique du massage, 3ᵉ édition. 10 fr.
— Formulaire du Massage, cart. 3 fr.
Excellents ouvrages d'un des maîtres de la massothérapie.

Pitres (A.), doyen de la Faculté de médecine de Bordeaux. — Leçons cliniques sur l'hystérie et l'hypnotisme, 2 vol. grand in-8, formant 1,100 pages, avec 133 figures dans le texte et 16 planches hors texte. 1891. 24 fr.

Léon Pontet. D'où nous venons ? D'où nous sommes sortis ? Quel est notre but et notre destinée ? Voilà les questions, dit Thomas Huxley, qui se présentent incessamment d'elles-mêmes à tout homme qui naît à la vie mentale et qui offrent un intérêt que rien ne saurait diminuer.

« Dans un ouvrage : (Causes et origines) : D'où nous venons ? l'auteur, M. L. Pontet, vient d'essayer de nous donner scientifiquement la solution de ces problèmes. — L'œuvre, consciencieusement documentée, forme un tout parfaitement adéquat qui augmente d'intérêt au fur et à mesure des chapitres, et dont la lecture offre un attrait puissant et suggestif .» (*La Grande Rev.*, 1ᵉʳ juil. 1902.)

Prix de faveur pour nos Clients :
Au lieu de 7 fr. 50 : 4 fr. 60 (franco en gare). 4 fr. pris à notre Librairie.

Potet (du). Traité complet de magnétisme, cours complet en 12 leçons, 4ᵉ édition, 1 vol. in-8. 8 fr.
— Manuel de l'étudiant magnétiseur ou Nouvelle Pratique du magnétisme, fondée sur 30 années d'expériences et d'observations. 1 vol. grand in-18, avec figures. 3 fr. 50

Ouvrages écrits dans un style prophétique avec la foi et l'enthousiasme d'un apôtre convaincu. A chaque page, on reconnaît le véritable praticien qui sait faire comprendre la simplicité et la valeur de ses procédés.

Ses ouvrages devraient être dans toutes les mains, ils sont surtout indispensables à ceux qui veulent appliquer le magnétisme à l'art de guérir.

Rabaud (Etienne). Docteur en médecine. Anatomie et physiologie du corps humain, 1 fort vol. in-4 avec 88 fig. dans le texte, et 156 coupes anatomiques superpos., tirées en couleurs et formant 7 planches hors texte. Cart. 24 fr.
— Anatomie élémentaire du corps humain. 4 planches color. à feuillets découpés et superposés. 1 vol. in-4 avec 60 fig. dans le texte. 3ᵉ édit. cart. 8 fr.
— Anatomie élémentaire de la main et du pied. 1 vol. in-4, avec 26 coupes anatomiques superposées, tirées en couleurs ; cartonné. 3 fr.
— Notions élémentaires sur l'anatomie, la physiologie et l'hygiène de la grossesse. 1 vol. in-4, cart. 3 fr.50
— Anatomie élémentaire du pharynx, du larynx, de l'oreille et du nez. 1 vol. in-4 avec 14 coupes anatomiques, tirées en couleurs, cartonné. 3 fr.

Wirth (Oswald). L'imposition des mains. Vol. in-18 jésus, avec nombreuses gravures inédites. 3 fr.
Excellent ouvrage de magnétisme où l'auteur, praticien habile autant que théoricien érudit, expose des aperçus originaux qui font voir le caractère philosophique et traditionnel du magnétisme.

MODES DE PAIEMENT

Départements. — Chèques, mandats, timbres-poste français.

Espagne. — Ce pays n'ayant pas de mandats internationaux, nous prions nos clients de vouloir bien nous couvrir par un chèque sur le *Crédit Lyonnais de Paris* ou quelque autre maison de banque de la place.

Etranger et Colonies. — Chèque, mandat ou **timbres-poste français.**

Les mandats, chèques ou lettres de change doivent être adressés à **M. A. TRANQUILLI**, Directeur de *L'Union Psychique*, **50**, rue du Temple, **PARIS**.

25975. — Imp. X. Perroux, Mâcon.

www.ingramcontent.com/pod-product-compliance
Lightning Source LLC
Chambersburg PA
CBHW051920160426
43198CB00012B/1966